Dada J. P. Vaswani

Das Geheimnis von Glück, Gesundheit und Vollkommenheit

Hinduistische Lebensweisheiten

Zusammengestellt von Prabha Sampath
und Krishna Kumari

Aus dem Englischen von Kathrin Mordani

HERDER

FREIBURG · BASEL · WIEN

HERDER spektrum Band 6869

MIX
Papier aus verantwor-
tungsvollen Quellen
FSC® C083411

Titel der Originalausgabe:
Secrets Of Health And Happiness
© Gita Publishing House 2005

© Verlag Herder GmbH, Freiburg im Breisgau 2016
Alle Rechte vorbehalten
www.herder.de

Satz: Arnold & Domnick, Leipzig

Herstellung: CPI books GmbH, Leck

Printed in Germany

ISBN 978-3-451-06869-0

INHALT

DAS LEBEN – DAS WERTVOLLSTE GESCHENK

Wenn ich Sie fragen würde: „Was ist Ihr wertvollster Besitz?" – wie würde Ihre Antwort lauten? Ich vermute, viele von Ihnen würden ihr Vermögen nennen, ihre Immobilien, ihren sogenannten unverrückbaren Besitz. Und nicht wenige würden ihre Konten erwähnen, Festgelder und vielleicht Wertpapiere und Aktien, außerdem Schuldscheine und Staatsanleihen, in die Sie in weiser Voraussicht investiert haben. Und einige von Ihnen würden womöglich Gold und Silber, Rubine und Diamanten, die Familienjuwelen als ihren wertvollsten Besitz erachten.

Aber es gibt da noch etwas weit Wertvolleres als all diese Dinge zusammen, etwas, das Ihnen und nur Ihnen allein gehört! Mehr noch: Ich behaupte, dass Sie sich gerne von all dem, was ich eben erwähnt habe, trennen würden – von Land und Geld, Aktien und Gold –, nur um diesen einzigartigen Besitz zu erhalten, und Sie wären immer noch der Meinung, ein gutes Geschäft abgeschlossen zu haben! Denken Sie noch einmal darüber nach: Was ist Ihr wertvollster Besitz?

Vor einiger Zeit las ich eine amüsante Geschichte über ein frisch verheiratetes Paar. Während ihrer Hochzeitsreise befanden sie sich im 15. Stock eines Fünf-Sterne-Hotels. Der junge Ehemann schloss seine Frau in die Arme und sagte zu ihr: „Liebling, du kannst dir gar nicht vorstellen, wie sehr ich dich liebe! Du bist mir so teuer, teurer, als ich je in Worte fassen könnte!" Genau in diesem Augenblick begann der Boden unter seinen Füßen zu wackeln, die Wände, Türen und Fenster schienen sich zu bewegen, und aus dem Flur waren Rufe zu hören: „Erdbeben! Erdbeben!" Der junge Ehemann stürmte sofort aus dem Zimmer. Er wartete nicht erst auf den Aufzug, sondern legte die fünfzehn Stockwerke so schnell zurück, wie ihn seine Beine trugen. Erst als er das Erdgeschoss erreicht und das Hotel verlassen hatte kam er zum Stehen. Seine teure Gattin hatte er komplett vergessen! Sie folgte ihm sehr viel später, nachdem das gewissenhafte Hotelpersonal alle Gäste evakuiert hatte. Bitter sagte sie zu ihm: „Was hast du mir eben noch gesagt? Dass ich das Wertvollste in deinem Leben sei – und dennoch hast du mich völlig vergessen, als es darum ging, dein eigenes Leben zu retten!"

Geben wir es zu: Unser Leben ist uns bei weitem mehr wert als alles andere auf der Welt. All Ihre Immobilien, Ihre Bankkonten, all Ihre Wertpapiere und Aktien, all Ihr Gold und Silber – Sie würden sich sofort davon trennen, wenn Sie nur Ihr Wertvollstes bewahren könnten: Ihr Leben!

Ein Luxuskreuzer befand sich auf seiner Fahrt von London nach New York. Mitten auf dem Meer kam es plötzlich zu einem Störfall; die Motoren setzten aus, das Schiff begann zu sinken. Zu spät bemerkte man, dass nicht genügend Rettungsboote an Bord vorhanden waren. Der Kapitän ordnete an, die Passagiere müssten Lose ziehen, um zu entscheiden, wer zu den

Glücklichen gehören sollte, die einen Platz in den Rettungsbooten bekämen. Und so wurden die Lose gezogen. Ein reicher Mann an Bord hatte nicht das Glück, einen Platz auf den Rettungsbooten zu gewinnen. Er ging zu jedem der Passagiere, die einen Platz gewonnen hatten, und sagte: „Das ist ein Blankoscheck. Setzen Sie jeglichen Betrag ein, der Ihnen beliebt! Geben Sie mir dafür Ihren Platz!" Die Leute starrten ihn ungläubig an. „Wovon sprechen Sie?", fragten sie ihn. „Selbst wenn Sie uns alles Gold der Welt gäben, würden wir nicht mit Ihnen tauschen! Behalten Sie Ihre Millionen, unser Leben ist uns teurer!"

Das Leben ist tatsächlich der Menschen wertvollster Besitz! Jules Mazarin war ein berühmter Staatsmann und der engste Berater des französischen Königs. Da er mit den vertraulichsten Botschaften des Königs in verschiedene Länder reisen musste, trugen ihn seine Pflichten in alle vier Himmelsrichtungen. Wann immer er in einem Land ankam, erfüllte er erst seine Pflichten und besuchte dann Kuriositätenläden. Er war ein leidenschaftlicher Sammler von Antiquitäten, Kuriositäten, Kunstrelikten, seltenen Gemälden und Ikonen. Sein Haus in Paris quoll über von diesen Sammlerstücken. Viele von ihnen waren in einer prächtigen Halle ausgestellt, die er speziell zu diesem Zweck hatte bauen lassen. Freunde, die ihn besuchten, sahen die Gegenstände, die er über die Jahre gesammelt hatte und verfielen in Entzücken. Es war in der Tat eine der weltbesten Sammlungen aus privater Hand. Nur königliche Museen konnten sich besserer rühmen.

Mazarin liebte seine Antiquitäten und Kuriositäten. Wenn er zu Hause war, verbrachte er Stunden damit, seine wertvolle Sammlung zu betrachten. Er kannte jedes einzelne Stück ganz genau – woher es kam, welche Geschichte damit verbunden war, warum es wertvoll war und wie viel er dafür bezahlt hatte. Er hatte jedem Stück einen Namen gegeben, und er nahm immer wieder jedes einzelne in die Hand, fühlte es, betastete es, betrachtete es liebevoll und sprach sogar zu ihm! Genau genommen war diese Sammlung die Liebe seines Lebens!

Jahre vergingen. Mazarin wurde krank und die behandelnden Ärzte verzweifelten an seinem Zustand. Sein Ende nahte und sie rieten ihm, das Bett zu hüten.

Eines Nachts lag Mazarin schlaflos in seinem Krankenbett. Er wusste, dass er nicht mehr lange zu leben hatte. Spontan entschloss er sich, noch einen Blick auf seine wertvolle Sammlung zu werfen, bevor er zu seiner letzten Reise gerufen würde. Taumelnden Schrittes ging er zu seinem Privatmuseum und begann jedes einzelne Objekt zu betrachten, das er mit so viel Liebe und Sorgfalt ausgesucht hatte. „Ich bin gekommen, um euch Lebewohl zu sagen", flüsterte er. „Ich weiß nicht, ob ich euch jemals wiedersehen werde." Vor seinem inneren Auge erschienen die vielen Stunden, in denen er mit akribischem Fleiß seine Sammlung aufgebaut hatte, die liebevolle Sorgfalt, die er darauf verwendet hatte, jedes einzelne Objekt zu beschützen, zu bewahren und zu präsentieren. Als er in der Mitte des großen Saals stand, sagte er laut: „Ich muss all das zurücklassen! Kein einziges dieser wertvollen Objekte kann ich mit mir nehmen, wenn mich der Ruf ereilt!"

Wie wahr! Wir können nichts mit uns nehmen, wenn Gott uns ruft – und wir alle werden irgendwann gerufen. Es ist ein unvermeidbarer Ruf, er muss befolgt werden – und wir lassen alles zurück, wenn er kommt. Nichts gehört uns, denn wäre es anders, dann könnten wir das, was uns gehört, mitnehmen! Aber nichts ist unser eigen, deswegen lassen wir alles zurück. Alles gehört Mutter Erde – zur Erde muss es zurückkehren.

Wenn zwei Brüder ihren Grundbesitz teilen, ziehen sie eine Linie über das Land und sagen: Diese Hälfte gehört mir und jene Hälfte dir. Mutter Erde lacht sicherlich, wenn sie das hört! Denn sie weiß, dass niemandem von uns irgendetwas wirklich gehört. Früher oder später müssen wir alles loslassen. *Na kuch mera, sab kuch tera!* Nichts ist mir, alles was ist, ist deines! Zu Recht wird gesagt: Wenn man Reichtum verliert, ist nichts verloren; wenn man die Gesundheit verliert, ist etwas verloren; aber wenn man das Leben verliert, ist alles verloren!

Ein heiliger Mann hatte eine Anzeige in der *Lahore Tribune* geschaltet, zu jener Zeit die am weitesten verbreitete Zeitung im ungeteilten Norden Indiens. Die Anzeige lautete folgendermaßen:

GESUCHT: EIN MANN
Der bereit ist, sein Leben gegen 1 000 000 Rupien einzutauschen. Wer dazu bereit ist, möchte sich bitte melden unter Postfach 115, c/o The Tribune, *Lahore.*

11

Die Anzeige erschien zu drei verschiedenen Anlässen. Wie Sie sich wahrscheinlich vorstellen können, war eine Million nicht gerade eine kleine Summe in jenen Tagen, wahrscheinlich wäre es mit zehn Millionen heute vergleichbar. Der heilige Mann wiederholte die Anzeige an drei verschieden Tagen, aber er bekam keine einzige Antwort – nicht einmal eine Nachfrage! Niemand war bereit, sein Leben einzutauschen, für welche Summe auch immer.

Das Leben ist der wertvollste Besitz des Menschen. Das ist der Grund, warum es niemand aufgeben will. Jeder hängt am Leben. Dies war die Erkenntnis, die Prinz Siddhartha erlangte, als er zu Gautama Buddha wurde. Wir alle kennen die Geschichte dieses großartigen Mannes, der seinem Palast und dessen Vergnügungen entsagte und stattdessen das Gewand eines Bettelmönchs anlegte, um den *Tapoban*, den Wald der Meditation zu betreten. Nach intensiven selbstauferlegten Entbehrungen und einer spirituellen Suche erlangte er die Erleuchtung. In einer Vision erkannte er, dass die Wurzel aller Sorgen, die Wurzel allen Leidens, die Wurzel der Qualen, Schmerzen und Pein des Menschen im Festhalten am Leben lag – *tanha*, wie er es nannte. Jeder hängt an seinem Leben; niemand möchte es leichtfertig hergeben. Und dennoch wird unser Leben nur dann wirklich wertvoll und lebenswert, wenn es glücklich ist, gesund und harmonisch. Wenn das Leben nicht gesund ist, wird es zur Last. Wenn das Leben nicht glücklich ist, wird es zur Plagerei. Wenn das Leben nicht harmonisch ist, wird es zur Quelle großer Sorgen.

Einmal kam eine alte Frau zu mir. Sie war unglücklich und immer in großer Not, es gab unendlich viele Dinge, die sie verbitterten. Sie litt unter einer abscheulichen Hautkrankheit, und ihre eigene Familie hatte sie aus dem Haus geworfen. So war sie gezwungen, auf der Straße zu leben, doch selbst die Obdachlosen dort gingen ihr aus dem Weg. Als sie zu mir kam, weinte sie bitterlich: „Wann endlich kommt der Tod, um mich zu erlösen? Wann wird der Tod mich von diesem sorgen- und leidvollen Leben befreien? Ich sehne mich nach dem Tod! Ich flehe den Tod an, er möge kommen, um mich zu holen!" Ich wollte der Frau bewusst machen, dass sie nicht wirklich meinte, was sie sagte. Also holte ich ein Fläschchen mit einem Gemisch aus harmlosem Glukosepuder und Kurkuma und gab es ihr. „Mütterchen, hier ist etwas, was Ihnen helfen wird", sagte ich zu ihr. „Schlucken sie nur dieses Pulver, und wenn es Gottes Wille ist, sind sie in ein bis zwei Stunden tot."

Sie war bestürzt, machte einen großen Bogen um das Fläschchen und antwortete eilig: „Ich werde bald wieder auf Sie zurückkommen. Es gibt noch ein bis zwei dringende Angelegenheiten, um die ich mich vorher kümmern muss. Ich sollte sie klären, und dann komme ich zurück, um Ihr Pulver zu nehmen." Muss ich Ihnen sagen, dass sie nie zurückkam?

Jeder möchte leben. Keiner ist bereit zu sterben. Selbst diejenigen nicht, die weder glücklich noch gesund sind. Aber wie ich schon gesagt habe, nur ein glückliches, gesundes und harmonisches Leben ist lebenswert. Spüren Sie jene dynamische Energie in

Ihrem Leben? Ist Ihr Leben wirklich ganz und vollkommen? Oder sind Sie nur teilweise lebendig – existieren Sie nur?

Ich befürchte, dass so viele von uns nur existieren. Wir leben unser Leben nicht so, wie es gelebt werden sollte. Jenes dynamische Element, jene besondere Qualität fehlt in unseren Leben.

Haben Sie sich jemals die Frage „Was bin ich?" gestellt? Viele von uns identifizieren sich mit unserem Körper. Ich möchte Sie an die Worte Krishnas in der *Bhagavad Gita* erinnern: „Arjuna!", sagt Krishna zu seinem lieben, ergebenen Schüler, „denke daran, du bist nicht der Körper." Der Körper ist lediglich das Gewand, das Sie tragen. Sie selbst sind etwas anderes, Sie sind der Träger dieses Gewandes. Aber Sie identifizieren sich mit dem Körper, Ihrer materiellen Form – und das ist die Wurzel aller Sünden. Wie unsere alten Schriften uns lehren, besteht der Mensch aus Körper, Geist und Seele. Das ist im Wesentlichen das östliche Konzept des Seins. Der Mensch ist eigentlich eine Seele, die von einem Körper bekleidet und mit einem Geist ausgestattet ist, um hier auf der Erde seine Arbeit verrichten zu können.

Die westliche Sicht ist jedoch eine andere. Im Westen glaubt man, der Mensch sei ein Körper mit einem Geist und einer Seele darin. Die Betonung liegt hier auf dem Körper, während die östliche Sicht die Seele betont.

Ich möchte Sie an diese großartige Wahrheit erinnern: Jeder von Ihnen ist im Wesentlichen eine Seele. Sie sind nicht der Körper, mit dem Sie sich identifizieren, Sie sind im Wesentlichen Seele. Jeder von Ihnen ist jener Atman, der unsterbliche Geist. Aber leider identifizieren wir uns mit dem Körper, der uns bekleidet und deswegen führen wir kein glückliches, gesundes und harmonisches Leben!

Der Mensch ist eine Kombination dieser drei Teile: Körper, Geist und Seele. Und wenn er ein glückliches, gesundes und harmonisches Leben führen möchte, müssen alle drei Aspekte seines Seins zusammenwirken. Sie dürfen nicht in verschiedene Richtungen streben; sie dürfen nicht gegeneinander arbeiten. Wenn wir ein erfülltes und freies Leben führen wollen, das lebenswert ist, müssen wir einen Weg finden, zwischen diesen dreien eine Harmonie herzustellen.

Health, wholeness, holiness - Gesundheit, Ganzheit, Heiligkeit – wussten Sie, dass diese drei Wörter einen gemeinsamen Ursprung haben?

Es gibt ein Gebet, dass ich immer wieder zu Gott spreche. Ich möchte es gerne mit Ihnen teilen. Es ist ein kurzes, ein sehr liebliches Gebet, und es ist unabhängig von einem Glaubensbekenntnis. Jeder Mensch, egal welchen Glaubens, kann es sprechen. Hier ist das Gebet:

Gott, schenke mir Gesundheit,

schenke mir Ganzheit,

schenke mir Heiligkeit!

Wenn Sie dieses Gebet immer wieder sprechen, wird der Tag kommen, an dem es von einem sehr intensiven Gefühl begleitet sein wird und aus der Tiefe Ihres Herzens dringt. Sie werden dann merken, dass Ihr Geist von einem Frieden erfüllt ist, der den Verstand übersteigt, und Ihr Körper wird pulsieren und lebendig sein!

Leider ist für viele Menschen ihr Leben nicht die erfreuliche und harmonische Erfahrung, die es eigentlich sein sollte. Sie gehen nur halblebendig durchs Leben – sie leben nicht, sie existieren lediglich. Und hier spreche ich nicht etwa von der armen, sozial benachteiligten oder unterernährten Gesellschaftsschicht, ich spreche von der sogenannten besseren Gesellschaft, deren gesundheitliche Verfassung allerdings keine bessere ist, denn Gesundheit ist nicht käuflich. Wie das Sprichwort so schön sagt: Mit Geld kann man die bequemste Matratze kaufen, aber keinen friedlichen Schlaf; mit Geld können Sie das teuerste Gericht in einem Fünf-Sterne Hotel erstehen, aber keinen gesunden Appetit; mit Geld können Sie die beste medizinische Versorgung bezahlen, aber nicht die Gesundheit selbst.

Unsere Ahnen waren davon überzeugt: Wenn man sein Vermögen verliert, ist wenig verloren; wenn man aber die Gesundheit verliert, dann ist etwas Wertvolles verloren. Tatsächlich sind der Raubbau an unserer Gesundheit und der Missbrauch, den wir mit ihr betreiben, etwas sehr viel Ernsteres als die Verschwendung von Geld. Geld können wir in vielen Fällen durch harte Arbeit wiedergewinnen. Unsere Gesundheit kann aber niemals wieder richtig wiederhergestellt werden. Eine gute Gesundheit ist das großartigste aller Geschenke, der kostbarste aller Segen, ohne sie können wir keines unserer anderen Talente und Fähigkeiten genießen.

Eine gute Gesundheit ist die Basis all dessen, was wir im Leben schätzen und lieben: Sie liegt unseren

Erfolgen ebenso zugrunde wie dem, was wir erreicht haben, sie ist Basis unseres Wohlstands und unserer emotionalen Geborgenheit – vor allem aber unserer spirituellen Entwicklung und des inneren Friedens.

Wie ich immer wieder betone: Geist und Körper stehen in einer wichtigen Beziehung zueinander – sie beeinflussen sich gegenseitig. Ich würde sagen, die Unkenntnis dieser wechselseitigen Beziehung lässt uns den Geist und den Körper getrennt wahrnehmen und lässt uns das ICH mit dem vergänglichen Körper identifizieren.

Forschungen und Studien haben belegt, dass alle ernsthaften Erkrankungen des Körpers mit negativen Gedanken verbunden sind. Mit anderen Worten: Ein negativ beschäftigter Geist ruft körperliche Beschwerden hervor. Negative Gefühle schaffen im Geist Chaos und Aufruhr und beeinflussen die lebenswichtigen Körperfunktionen. So setzen etwa Ärger und Anspannung schädliche Gifte in die Blutbahn frei. Herzensgüte und Sympathie begünstigen hingegen den natürlichen Fluss reinen Blutes zum Gehirn und stimulieren die Hirnzellen.

Tiefenatmung, Meditation und rechtschaffene Lebensweise helfen Ihnen, Schwächen zu überwinden. Sie füllen den Körper mit Lebenskraft und Energie. Stille und Gebet setzen nervöser Anspannung ein Ende. Gelassenheit reinigt die Haut und verleiht Ihrem Gesicht Glanz. Zufriedenheit reguliert Ihren Blutkreislauf. Sympathie stärkt die Nerven und Großzügigkeit hält Ihr Herz gesund und fit!

EINE GUTE GESUNDHEIT IST IHR GEBURTSRECHT!

Das Sanskrit Wort für Gesundheit ist *svasthya*, was im wörtlichen Sinne „man selbst sein" bedeutet. Sie können nicht Sie selbst sein, wenn Sie krank sind! Gesundheit bedeutet auch „Vollkommenheit". Ein gesunder Mensch ist ein vollkommener Mensch; sein Leben ist ausgeglichen und seine Energien fließen rhythmisch. Ein gesunder Mensch ist glücklich – innerlich und äußerlich.

Viele von uns akzeptieren inzwischen eine angegriffene Gesundheit als Normalzustand. Leiden, Krankheit, Geschwüre, Schmerzen, krankhafte Geschwülste, Abgespanntheit – all das scheint mittlerweile so zwangsläufig zu sein wie Inflation, Steuern oder das schlechte Wetter.

Doch es gibt keinen Grund, die angegriffene Gesundheit derart gleichmütig und hilflos hinzunehmen. Wir können und müssen die Dinge selbst in die Hand nehmen!

Lassen Sie mich Ihnen das mit einem kleinen Beispiel erklären. Eine junge Frau kommt nach einem anstrengenden Tag im Büro nach Hause. Sie ist geistig und körperlich erschöpft. Ihr Rücken tut weh, sie hat rasende Kopfschmerzen, und sie kann sich nicht einmal dazu aufraffen, etwas zu essen. Ihr einziger Wunsch ist es, ein heißes Bad zu nehmen und ins Bett zu fallen. Dann klingelt das Telefon. Ihre beste Freundin ist dran, die gerade von einer Reise aus dem Ausland zurückgekommen ist. Ihre Freundin will sie treffen und sie in ein Fünf-Sterne Hotel zu einer ganz besonderen Dinnerparty ausführen. Außerdem hat sie wundervolle Geschenke mitgebracht, die sie so schnell wie möglich überreichen will. Ob sie bitte kommen kann? Das Mädchen ist schlagartig wieder aktiv. Innerhalb weniger Minuten ist sie gebadet, herausgeputzt, angezogen, geschminkt und parfümiert! Sie eilt aus dem Haus, um sich mit ihrer Freundin zu treffen, und verbringt einen interessanten Abend mit ihr; spät in der Nacht kehrt sie nach Hause zurück, beladen mit Geschenken, die sie auspackt und bewundert, und zwar nicht nur einmal, sondern mehrmals. Und als sie zu Bett geht, kann sie aus schierer Begeisterung gar nicht schlafen.

Alles verändert sich, wenn Sie Ihre Einstellung ändern. Ihre Haltung kontrolliert Ihren Körper. Während die Einstellung des Mädchens negativ war, signalisierte ihr Geist dem Körper Müdigkeit und Erschöpfung. Und der Körper reagierte auf diese Botschaft mit Trägheit. Er begann sich weiszumachen, er müsse zusammenbrechen, könne nicht mehr weitermachen! Der gesamte Stoffwechsel hatte sich verlangsamt, da der Körper die Botschaft des Geistes akzeptiert hatte. Der Anruf änderte alles! Plötzlich war der Geist des Mädchens erfüllt von Begeisterung und Aufregung. Sie war bereit, auszugehen, ihre Freundin zu treffen, Neuigkeiten zu erfahren und ein köstliches Essen mit ihr einzunehmen. Ihre Emotionen riefen jetzt eine andere Stimmung hervor. Schnell,

schnell! Sie fand wieder Kraft, Energie, Lebendigkeit und ein Prickeln. Jetzt war sie zu allem bereit!

Es ist eine klinisch bewiesene Tatsache, dass der Körper auf unseren geistigen Zustand reagiert. Ich kenne Banker und Investoren, die einen Herzinfarkt erlitten hatten, als sich ihre Geldanlage als Pleite entpuppte. Genauso habe ich chronisch kranke Patienten gesehen, die auf wundersame Weise wiederauflebten, als eine Hochzeit angekündigt oder ein Baby in der Familie geboren wurde. Schlechte Nachrichten können krank, gute Nachrichten können gesund machen. Negative Gefühle bringen den Körper aus dem Gleichgewicht und führen zu Krankheit; positive Emotionen bewahren das Gleichgewicht und bringen Gesundheit. Ihr Körper reagiert auf Ihre innere Einstellung und verändert Ihr Leben. Sie können Ihre Einstellung ändern und sich für eine gute Gesundheit entscheiden!

Krankheit ist keine Strafe. Sie ist die Folge einer Ursache, für die wiederum *Sie* die Verantwortung tragen. Wir wählen Anspannung statt Ruhe, Stress statt Gelassenheit, Schwelgerei statt Mäßigung, Schlechtes statt Gutes, wir machen uns selbst krank.

Erst in den letzten Jahren haben wir das ganze Ausmaß psychosomatischer Erkrankungen verstanden. Einige Ärzte gehen davon aus, dass 95 Prozent aller Krankheiten psychisch ausgelöst werden. Ein anderer Spezialist schlüsselt das weiter auf: 90 Prozent aller Müdigkeitserscheinungen sind psychosomatisch bedingt, 70 Prozent der Verstopfungen, 85 Prozent der Kopfschmerzen … Und die Liste ist endlos.

Zorn, Angst, Neid, Eifersucht, Sorge … eigentlich die sieben Todsünden der mittelalterlichen christlichen Theologie – Hochmut, Habgier, Wollust, Zorn, Völlerei, Neid und Faulheit –: sie alle können krank machen; wenn es nicht bei einer von ihnen bleibt, kann eine längerfristige Erkrankung die Folge sein; und wenn sie gemeinsam auftreten, dann kann Sie das umbringen. Ein Mediziner beschreibt in seiner Forschung die sieben Todsünden als Sünden wider den gesunden Menschenverstand.

Wir alle verstehen, dass andere Menschen sich selbst krank machen. „Sie überarbeitet sich", sagen wir dann. Oder: „Er bringt sich noch ins Grab mit all der Trinkerei!" Oder: „Er isst so viel, dass er bald platzt!" Doch wir richten den Blick nicht auf uns selbst. Es gelingt uns nicht zu sehen, wie wir uns selbst krank machen. Wäre Krankheit tatsächlich eine Strafe, dann würden wir uns selbst bestrafen.

Denn auch orthopädische Beschwerden sind seelisch bedingt. Schlechte Haltung, Bewegungsmangel, zu langes Stehen oder Sitzen können Probleme wie Rückenschmerzen, Bandscheibenvorfälle und Muskelkrämpfe verursachen.

Natürlich gibt es auch so etwas wie Erbkrankheiten, Geburtsfehler oder angeborene Behinderungen und Leiden, die durch Unfälle verursacht wurden. Sie liegen außerhalb unserer Kontrolle. Die große Mehrheit unserer Krankheiten ist aber seelisch bedingt. Deswegen nochmals: Eine gute Gesundheit ist ein Geschenk, das Sie sich selbst machen können.

Jedes Jahr geben wir Millionen für Medikamente, Pillen, Schmerzmittel und Antibiotika aus. Dabei rede ich gar nicht von den in die Höhe schießenden Kosten für Krankenhausaufenthalte oder Operationen – ich spreche lediglich von dem, was verschrieben und an Medikamenten konsumiert wird. Und die meisten von uns würden wohl zustimmen, dass der exzessive Gebrauch von Schlaf-, Beruhigungs- und Schmerzmitteln eines der größten gesellschaftlichen Probleme unserer Zeit ist.

Wir bräuchten all diese Medikamente nicht mehr und könnten gefährliche Süchte wie die nach Tabak oder Alkohol überwinden, wenn wir unsere Einstellung ändern würden! Verstehen Sie, was das bedeutet? Es bedeutet, dass Sie die Gesundheit als Ihr Geburtsrecht wählen können!

- Holen Sie Glück in Ihr Leben! Handeln Sie zufrieden und fröhlich.
- Verbreiten Sie eine Atmosphäre von Ruhe und Gelassenheit um sich.
- Beneiden Sie niemanden.
- Vermeiden Sie es, etwas Schlechtes zu erwarten.
- Praktizieren Sie bewusst Entspannungstechniken.

Alle medizinischen und chirurgischen Methoden beruhen darauf, dass der Körper ein sich selbst heilender Mechanismus ist. Medikamente werden nur verschrieben, um Symptome zu lindern. Operationen werden ausgeführt, um auseinandergeschnittene Teile des Körpers wieder zusammenzufügen, nachdem infizierte Teile beseitigt worden sind. In beiden Fällen weiß der Arzt, dass der Heilungsprozess des Körpers für alles Übrige sorgen wird, wenn der Patient sich nur genügend ausruhen kann!

Wenn es Ihnen schwerfällt, das zu glauben, dann stellen Sie sich nur vor, wie das körpereigene Abwehrsystem zum Ort der Wunde rast, wenn Sie sich geschnitten haben. Innerhalb weniger Minuten hört die Blutung auf, in kurzer Zeit startet der Heilungsprozess, in ein paar Tagen ist die Wunde geschlossen und die Haut erneuert.

Einige unserer Einstellungen verursachen Krankheiten, während andere die Gesundheit fördern. Der Körper hat seinen eigenen großartigen Selbstheilungsmechanismus, und er möchte immer in einem gesunden Zustand sein. Deswegen hängt es von uns ab, uns für Gesundheit zu entscheiden – indem wir die richtige Einstellung zum Leben wählen.

DAS WUNDER DES
MENSCHLICHEN KÖRPERS

Shariram Brahma Mandiram – der menschliche Körper ist ein Tempel Gottes – sagen uns die alten Weisen. Ich frage mich, wie viele von uns jemals innehal-
ten, um über dieses Wunder nachzudenken – ja, das
Wunder dieser Struktur, die wir als selbstverständlich
betrachten! Folgendes wird Ihnen jedes Anatomie-
buch sagen:

- Unser Körper besteht aus über 200 Knochen
  und 656 Muskeln.
- Unser Herz ist etwa faustgroß, schlägt siebzig
  Mal pro Minute und pumpt etwa 300 Liter Blut
  pro Stunde. In nur einer Minute fließt das
  gesamte Blut des Körpers durch das Herz.
- Die Gesamtoberfläche der Lungenbläschen
  beträgt etwa 80 bis 120 Quadratmeter.
- Wir haben hunderte Milliarden an Nervenzel-
  len.
- Jeder Quadratzentimeter unserer Haut hat über
  500 Poren, durch die der Körperschweiß
  ausgestoßen wird.
- Die Schweißgänge des Körpers haben zusam-
  men eine Länge von über 64 Kilometern.
- Unser Gehirn besteht aus 100 Milliarden
  Nervenzellen und etwa noch einmal so vielen
  Gliazellen.

- Der Körper setzt sich aus den folgenden Elementen zusammen: Sauerstoff, Wasserstoff, Kohlenstoff, Stickstoff, Magnesium, Phosphor, Kalzium, Schwefel, Chlor, Natrium, Eisen, Kalium und Siliziumdioxid.

Gibt es einen wundervolleren Mechanismus, als den menschlichen Körper? Gibt es ein telegrafisches System, das sich mit unserem Nervensystem vergleichen kann? Gibt es Funkgeräte, so effizient, wie das menschliche Ohr – oder etwa eine Kamera, so perfekt, wie das menschliche Auge? Könnten wir jemals eine Lüftungsanlage erfinden, so wundervoll, wie Nase-Lunge-Haut? Kann irgendein elektronischer Schaltschrank jemals mit dem Rückenmark mithalten?

Aber das ist noch nicht alles! Unter den unnatürlichen Bedingungen, die uns die moderne Welt auferlegt, drohen unserem Körper allen möglichen Infektionen und Angriffe – eine verschmutzte Umwelt, Junkfood und der weit verbreitete Gebrauch von schädlichen Substanzen wie Drogen, Medikamenten, Alkohol und Tabak – die insgesamt ein großes Risiko für das menschliche Immunsystem darstellen. Aber Gott hat den Körper mit einem eigenen Abwehrmechanismus ausgestattet, der das Fehlverhalten, mit dem wir sein System bedrängen, wieder ausgleichen kann und sein Gleichgewicht und seine Harmonie wiederherzustellen vermag. Brüche und Schnitte werden genauso sehr durch unser eigenes System wie durch die Behandlung des Arztes geheilt. Die Angriffe von unzähligen Bakterien und Viren werden von unserem Lymphsystem bekämpft. Wenn man eine Niere verliert, übernimmt die andere die Arbeit und hält das System sauber. Folglich erklären uns Ärzte: „Nicht die Krankheit, sondern die Gesundheit stellt das größte medizinische Wunder dar!"

Im Altertum beschrieben unsere Philosophen den menschlichen Körper als Mikrokosmos – als das Universum in Miniatur. Das, was wir nicht im Körper finden, finden wir auch nicht im Universum. Daher behauptet ein Sprichwort auch, dass unsere innere Welt die äußere widerspiegelt. Ist der Körper nicht auch aus denselben fünf Elementen zusammengesetzt wie der Kosmos – Erde, Wasser, Äther, Feuer und Luft?

Das harmonische Arbeiten der menschlichen Maschine hängt vom harmonischen Zusammenspiel aller Teile des Systems ab – dem Geist und der Sinne. Wenn der Körper durch Maßlosigkeit missbraucht wird, schädigen wir das System. Wenn wir Zurückhaltung und Disziplin üben, dann verwenden wir das System zu seinem bestmöglichen Nutzen. Im Grunde genommen ist die menschliche Seele ein Funke des universellen Geistes oder Gottes, wie wir Ihn meist nennen. Wenn wir unseren Alltag in Erkenntnis dieser Wahrheit leben, wird der Körper tatsächlich zu einem Tempel, der es würdig ist, von diesem Geist bewohnt zu sein!

DIE WISSENSCHAFT DER GESUNDHEIT

Lassen Sie mich die Überzeugungen meines geliebten Meisters Sadhu Vaswani über die „Wissenschaft der Gesundheit" mit Ihnen teilen.

Sadhu Vaswani glaubte an das alte Sprichwort: *Shariram Brahma Mandiram* – der Körper des Menschen ist der Tempel Gottes. Er ist der Tempel unserer Seele, und daher sollte er ein Tempel der Harmonie sein. Denn: Ist die Seele nicht Harmonie?

Gesundheit ist Harmonie, lehrte uns Sadhu Vaswani. Nur wenige Menschen erreichen jene Harmonie, die sich einstellt, wenn der äußere Körper in Harmonie mit der Seele im Inneren lebt. In der westlichen Medizin wurden die Gesetze des äußeren Körpers mit großer Sorgfalt studiert. Ihre medizinischen Wissenschaften sind äußerst fortschrittlich. Aber der Westen musste sich uns in Indien zuwenden, um mehr über die Wissenschaft der Seele zu lernen.

„Das Körperliche ist nicht nur materiell", sagte Sadhu Vaswani. „Im tiefsten Sinne ist reine Materie reines Nichts!"

Hier sind ein paar einfache Anregungen, die er uns gab:

1. Nehmen Sie die gesunden Schwingungen der Natur auf! Denn Medikamente können nur wenig bewirken, wenn die richtige geistige Einstellung fehlt.

Bäume senden gesunde Schwingungen aus. Es ist wundervoll, in einem Haus zu leben, das von Palmen umgeben ist. Auch kann das gesundheitsfördernde Potenzial von Gärten und Parks gar nicht hoch genug eingeschätzt werden. Sie sind die Lungen der Stadt.

Genauso heilsam sind Sonnenstrahlen. In Indien haben wir das Glück, die meiste Zeit des Jahres herrlichen Sonnenschein genießen zu dürfen. Wir brauchen weder Solarium noch Höhensonne. Wir müssen den wertvollen Strahlen der Morgensonne erlauben, unsere Körper zu küssen – und wir werden fühlen, wie wir gesund und vital werden.

Gesunde Schwingungen kommen auch aus der Luft und dem Wasser, der Erde und dem Meer. Denn die Natur ist eine gütige Mutter und eine fürsorgliche Amme. Wir müssen lernen, ihren Heilkräften zu vertrauen. Auch unsere Ärzte müssen bei der Behandlung ihrer Patienten lernen, mit ihr zusammenzuarbeiten.

2. Reinigen Sie Ihren *prana* (Lebensatem)! Die moderne Medizin beginnt die Wichtigkeit des *prana* in der Heilung zu begreifen. Die Hindu-Psychologie spricht vom *pranayama kosha* (Energiehülle), der gereinigt werden muss. Daraus folgt der Nutzen des *pranayama*. Es stärkt das Nervensystem.

3. Achten Sie auf Ihre Ernährung! Fleisch, ein Essen, das der Gewalt entsprungen ist, mag Fett aufbauen, es wird Ihnen aber keinen strahlenden, pulsierenden und vitalen Körper verleihen. Tierische Nahrungsmittel sollten Sie aus drei Gründen meiden: aus humanitären, ästhetischen und hygienischen. Das

Problem mit den heutigen Lebensmitteln und Essgewohnheiten ist, dass sie mit Maßlosigkeit verbunden sind.

Nicht alle von uns sind bereit, ein Leben in Enthaltsamkeit zu führen. Aber sicher muss jeder, der gesund, glücklich, stark und weise sein möchte, ein Leben in Einfachheit leben.

Salate, Obst und frisches Gemüse sind reich an Vitaminen. Sie bauen Gesundheit und Vitalität auf. Einmal alle zwei Wochen fasten spült die Verunreinigungen aus dem System und erneuert und erfrischt uns sowohl körperlich wie geistig. Es beschleunigt den Fluss der Lebensenergie, die in uns strömt. Wenn das Fasten mit Stille oder *maun* verbunden ist, wird der Geist klarer und stärker. Das Innere und das Äußere befinden sich in perfekter Harmonie.

4. Praktizieren Sie Reinheit und Gebet! Im alten Indien wurden diese beiden Ideale in dem großen Ideal des *brahmacharya* vereint. Glauben Sie nicht, dass das *brahmacharya* auf die Ehelosigkeit beschränkt ist. *Brahmacharya* kann auch in der Ehe praktiziert werden. *Brahmacharya* ist nicht mit Askese gleichzusetzen; genauso wenig wie mit Stoizismus. *Brahmacharya* bedeutet wörtlich: sich mit Gott bewegen. Ins Brahman ziehen und darin leben – das ist es, was den wahren *brahmachari* ausmacht. Der *brahmachari* muss ein Mensch der Reinheit und des Gebets sein. Beide verleihen Körper und Geist Vitalität. Sie überwinden die Hindernisse der Schwäche und regenerieren dadurch den äußeren Körper. Sie verbinden den Menschen mit Gott, und er findet in sich eine großar-

tige Energie, die *shakti*, die ihn durchfließt. Durch ihn fließt der Geist des Lichtes, um sich über die anderen zu verteilen.

Tamaso ma jyotir gamaya – „Führe uns aus der Dunkelheit ins Licht", beteten die *Rishis* (Seher, Weisen) der *Upanishaden*. Die Dunkelheit besteht aus Unwissenheit, Krankheit und falschem Verlangen. Das Licht ist das Licht des Einen Leuchtenden! Unsere Heiligen und Propheten erzählen uns, dass der Körper ein Boot ist, das uns helfen kann, den *sansar sagar*, den Ozean des Lebens, zu überqueren. Dieses Boot war es auch, das Adi Shankara und Gautama Buddha befähigt hat, den mächtigen Ozean der Menschheit zu überqueren und das gesegnete Reich der Gotterkenntnis zu betreten. Tatsächlich sagen uns die *Upanishaden*: „Gott kann von den Schwachen und Kranken nicht erreicht werden."

WAS IST GESUNDHEIT?

Gesundheit wurde als vollständige Integration von Körper, Geist und Seele beschrieben. Grey Anderson, ein berühmter amerikanischer Berater, nennt Gesundheit „Wohlbefinden". Er sagt, „Wohlbefinden" sei eine Wahl, eine Entscheidung, die wir alle treffen müssen, um unser Leben in aller Fülle zu erleben. Das Wohlbefinden umfasst alle wichtigen Bereiche unseres Lebens: den körperlichen, seelischen, gesellschaftlichen, intellektuellen, beruflichen und spirituellen. Das Wohlbefinden setzt neue Maßstäbe für unser Leben: Es fordert fortwährende Verbesserung und Selbsterneuerung in allen Bereichen unseres Lebens. Wohlbefinden ist sehr viel mehr als die bloße Abwesenheit von Krankheit. Es ist absolutes Wohlsein in Körper, Geist und Seele.

Gesundheit und Glück gleichen Zwillingen, es sind Ziele, die die Menschheit schon immer verfolgt hat. Viele von uns wissen, dass wir gesund sein müssen, um glücklich zu sein; aber nur sehr wenige von uns wissen, dass wir nach dem Glück streben müssen, um gesund zu sein.

Seit Beginn des 20. Jahrhunderts haben wir die psychosomatische Einheit des menschlichen Wesens anerkannt. „Psyche" bedeutet Geist oder Seele, „Soma" bedeutet Körper. Folglich erklärt uns das psychosomatische Konzept, dass wir nicht nur Körper sind, sondern eine Gesamtheit, die Körper, Geist und

Seele vereint, die eine symbiotische Beziehung untrennbar miteinander verbindet. Die Weltgesundheitsorganisation WHO definiert Gesundheit als „einen Zustand vollständigen körperlichen, geistigen und sozialen Wohlergehens – und nicht nur als Fehlen von Krankheit und Gebrechen". Ergänzen müssen wir noch das spirituelles Wohl, ohne das ein Gefühl des Wohlergehens unvollständig wäre.

Traurige Tatsache ist, dass viele ihre Gesundheit für selbstverständlich halten. Bis zu dem Zeitpunkt, wenn sie in Gefahr geraten, ihre Gesundheit zu verlieren, wenn also Krankheit und Leiden drohen, denken sie noch nicht einmal über ihre Gesundheit nach. Und selbst dann gehen sie einfach zu einem Arzt oder ins Krankenhaus und glauben, das sei alles, was sie zu ihrer Gesundheit beizutragen haben.

Das erinnert mich an die Worte des großen Komödianten Charlie Chaplin. Er sagte: „Wenn ich krank werde, gehe ich zum Arzt. Schließlich muss der Arzt irgendwie überleben! Der Arzt verschreibt mir ein Rezept, und damit gehe ich zum Apotheker, denn auch der Apotheker muss irgendwie überleben! Der Apotheker gibt mir Medikamente, aber ich nehme sie nicht, denn ich muss auch irgendwie überleben!"

Ich will mich an dieser Stelle bei all den Ärzten und Apothekern entschuldigen, die das lesen. Aber ich bin sicher, sie werden die Pointe dieses Witzes verstehen: Sie sind Ihre eigenen Heiler. Die Kraft der Heilung liegt in Ihnen selbst. Und wir sind mittlerweile so weit, dass auch Ärzte verstanden haben, dass sie nicht an den Leiden und Symptomen herumdoktern müssen, sondern mit dem Naturgesetz der Heilung arbeiten, das in jedem von uns angelegt ist.

Dr. Johnson sagte: „Es ist unser aller moralische und heilige Pflicht, unsere Gesundheit zu schützen, denn die Gesundheit ist die Grundlage aller sozialen Tugenden. Wir können nicht nützlich sein, wenn wir uns nicht wohlfühlen."

Das eigentliche Ziel unseres Daseins ist nicht etwa ein möglichst langes Leben. Man sagt uns, die Lebenserwartung sei in unserer Zeit gewachsen, und dies ist der besseren medizinischen Versorgung, den Fortschritten der Medizin und den mit ihr verwandten Wissenschaften zuzuschreiben. Aber ein längeres Leben ist nicht das, wonach wir alle streben. Ein Leben voller Schmerzen, Leiden und Not gleicht nur einer elenden Last, wenn man es verlängert. So kennen wir Fälle von unheilbaren Krankheiten und sogenannten klinisch Toten, die auf Intensivstationen künstlich am Leben gehalten werden. Dies ist wohl kaum die Behandlung oder das „Leben" das wir anstreben!

Nehmen wir mal den Fall eines Mannes, der nicht wirklich krank ist. Er mag zwar an keiner Krankheit leiden, sich aber träge, lethargisch und lustlos fühlen. Er mag unglücklich sein und von negativen Gefühlen geplagt. Ein solcher Mann ist nicht wirklich gesund.

Wahre Gesundheit und wahres Wohlergehen umfassen das körperliche, geistige, intellektuelle und spirituelle Befinden eines Menschen. Wenn unter ihnen allen Harmonie und Ganzheit herrschen, ist der Mensch gesund. Dies ist der Gedanke einer ganzheitlichen Gesundheit, die wir brauchen.

FASTEN SIE IHREN WEG ZUR GESUNDHEIT!

Was ist Fasten? Fasten bedeutet, auf alle Nahrungsmittel zu verzichten und den Magen für einige Stunden oder Tage leer zu lassen. Das sollte man nicht mit Hungern verwechseln, denn Fasten ist eine selbstauferlegte Verpflichtung mit dem Ziel, unseren Körper zu reinigen oder zu entgiften. Indem wir kein Essen zu uns nehmen und uns auf die Aufnahme von Wasser oder Flüssigkeiten beschränken, ermöglichen wir unserem Körper die Selbstreinigung. Folgendes passiert während des Fastens:

- Alle schädlichen Abfallprodukte, die im Körper angesammelt sind, werden ausgeschieden – in Form von Schleim, Fäkalien oder Gas.
- Die Reserven – in einigen Fällen der Überschuss – von Kohlenhydraten, Fetten und Vitaminen, die sich in unserem Körper aufgebaut haben, werden gründlich und effektvoll verbraucht.
- Der Körper wird leicht, beweglich und munter.
- Es gibt keinerlei schädliche Nebeneffekte.

Gibt es eine optimale Zeit zum Fasten? Mit Sicherheit wird das von Mensch zu Mensch unterschiedlich sein. Manche fasten einmal wöchentlich – für einen Tag. Andere fasten für drei Tage, eine Woche oder sogar zehn Tage lang. Gesundheitsexperten stimmen darin überein, dass auch ein kurzes Fasten all die heilsamen

Wirkungen eines längeren Fastens mit sich führen kann, das nur von wenigen Menschen aus konkreten moralischen oder spirituellen Absichten ausgeübt wird. Wie wir schon gesehen haben, legt der Körper aus den überschüssigen Kohlenhydraten und Fetten die wir konsumieren Reserven an. Die meisten Ärzte glauben, diese Reserve reiche aus, um für vierzig Tage den Bedarf eines gesunden Menschen zu decken. Die meisten von uns können mit Leichtigkeit für bis zu drei Tagen fasten und werden höchstens geringfügige Beschwerden haben. Menschen mit chronischen Erkrankungen können nach Beratung mit einem Experten kürzer fasten und nur bestimmte Nahrungsmittel zu sich nehmen.

Eine Tatsache, die man beim Fasten beachten sollte, ist, dass in den meisten Fällen nach 48 Stunden jegliches Hungergefühl verschwindet. Menschen, die regelmäßig längere Fastenzeiten einhalten, berichten, dass sie spüren, wann das Fasten gebrochen werden sollte – dann stellt sich der Hunger wieder ein und zeigt, dass das System gereinigt und bereit ist, wieder zur Routine zurückzukehren. Hinzu kommen weitere Anzeichen: Die belegte Zunge wird frei, das Weiß der Augen wird heller, Puls und Herzfrequenz normalisieren sich, die Sinne werden scharf und aufmerksam.

Wenn es einem kleinen Kind nicht gut geht, verweigert es jegliches Essen. Die Mutter wird dazu neigen, es zu überreden, wenigstens ein bisschen zu essen; zuweilen wird sie es sogar zum Essen zwingen, weil sie glaubt, die fehlende Mahlzeit könne zu einem ernsthaften Nahrungsentzug führen.

Lananam parama aushadam – Fasten ist die höchste Medizin, sagen uns die alten Weisen. Selbst kranke Tiere werden die Nahrungsaufnahme verweigern, denn Fasten ist das Naturheilmittel für die meisten Störungen die uns plagen.

„Nehmt dem kranken Mann das Essen weg", sagte ein berühmter Arzt „und ihr hungert nicht den kranken Mann aus, sondern die Krankheit."

Eine wohlhabende Dame der Gesellschaft brachte einmal ihren Hund zum Tierarzt. Der Hund, ein junger Pekinese mit dem Namen Lulu, war seit Wochen lethargisch und appetitlos. Sie hatte das Tier permanent mit den auserlesensten und teuersten Leckerbissen, die sie sich vorstellen konnte, vollgestopft.

„Geben sie Lulu eine Medizin, die ihren Appetit anregt", bat die reiche Dame.

Der Tierarzt war mit allen Wassern gewaschen. Er bat sie, Lulu für ungefähr eine Woche in seiner Klinik zu lassen. Als die Dame eine Woche später wiederkam, war sie überrascht von Lulus Verwandlung. Die Hündin war nicht nur voller Leben und Vitalität; ihre Augen leuchteten, ihr Fell glänzte und sie hatte einen gesunden Appetit.

„Sagen sie mir, Herr Doktor", schwärmte sie vor Bewunderung, „welches Elixier haben sie Lulu gegeben?"

Der Tierarzt teilte ihr wahrheitsgemäß mit: „Gnädige Frau, Lulu hat nichts als klares Wasser bekommen, seit Sie sie mir anvertraut haben. Genau genommen war dies das einzige Elixier das sie brauchte."

Die Dame war alles andere als erfreut: „Wie konnten sie meine arme Lulu hungern lassen?", protestierte sie. „Ich werde sie nie wieder bei Ihnen in Behandlung geben!"

Was sie nicht erkannte, war, dass der Tierarzt ihr sehr leicht das Geld aus der Tasche hätte ziehen können, indem er ihr die eine oder andere sinnlose Medizin verschrieben und ihr dafür eine riesige Summe berechnet hätte. Wohingegen er erkannte, dass das Problem des Hundes Überfütterung war und der Magen des Tieres eine Pause brauchte.

Die beste Behandlung für die meisten Leiden ist Fasten.

Heutzutage sind die Menschen dem Essen allerdings derart verfallen, dass sie sogar noch zwischen zwei Hauptmahlzeiten einen Snack zu sich nehmen. Selbst während der Arbeit legen sie eine „Kaffee-" oder „Teepause" ein. Wenn sie ins Kino gehen, nehmen sie Popcorn, Schokolade oder Eis mit. Wenn sie nichts zu tun haben, essen sie einfach, um sich die Zeit zu vertreiben. Wenn sie fernsehen, dann knabbern sie gerne dazu. So wird ständiges Essen Teil unseres Sozialverhaltens. Manche steigen sogar für einen Mitternachtssnack aus ihrem Bett.

Wie soll das menschliche Verdauungssystem effizient funktionieren, wenn es ständig in dieser Weise missbraucht wird? Es ist kein Wunder, dass heutzutage, da wir im Überfluss schwimmen, Verdauungsprobleme so weit verbreitet sind.

Unsere Ahnen kannten das Heilmittel dafür: gewohnheitsmäßiges Fasten an bestimmten Tagen in der Woche oder im Monat. Deswegen befolgen die Menschen in Indien noch immer Fastentage an Feiertagen wie *Ekadashi*, *Chaturthi* oder an bestimmten Wochentagen wie Montag oder Samstag.

Fasten ist die vollständige Abstinenz von jeglichem Essen. Es gibt unserem überarbeiteten Verdauungssystem die dringend benötigte Pause. Gelegentliches Fasten ist gut für jeden von uns. Es ist nur bei schwächenden Krankheiten wie zum Beispiel Tuberkulose nicht ratsam.

Leider arbeiten viele von uns im Sitzen, und uns mangelt es an Bewegung, um die großen Mengen an Nahrung zu verwerten, die wir regelmäßig konsumieren. Alles überflüssig Aufgenommene verstopft unseren Körper mit Giftstoffen und Verunreinigungen. Der Verdauungstrakt ist überlastet. Sowohl Verdauung als auch Ausscheidung sind verlangsamt und die Körperfunktionen werden verzerrt. Dieser Teufelskreis – zu viel Essen und Speicherung von Abfallprodukten – ist der Grund von einigen chronischen Störungen.

Fasten ist eine hervorragende Methode, um Selbstdisziplin zu üben. Es ist einer der sichersten und schnellsten Wege, den Körper von Giften zu befreien. Außerdem ist Fasten auch einer der besten Wege, um den Verstand zu klären und ihn dazu zu befähigen, mit höchster Leistung zu arbeiten. Die Indianer glaubten, dass Fasten zu Weisheit führt.

Die meisten Religionen in der Welt raten den Gläubigen, zu fasten. Christen fasten vor Ostern. Juden fasten am Vorabend aller ihrer Feste. Muslime fasten im Ramadan. Hindus fasten an *Ekadashi*- und *Chaturthi*-Tagen.

Mahatma Gandhi fastete mehrere Male in seinem Leben – oft zwanzig Tage und mehr. Er fastete nicht nur aus gesundheitlichen Gründen, sondern auch aus moralischen und politischen Überlegungen heraus. Selbst nach der Unabhängigkeit Indiens fastete er, um die Hindus und Muslime in Kalkutta wieder zusammenzuführen.

Ein befreundeter Arzt bat Mahatma Gandhi niederzuschreiben, wie er die Wirkungen seines Fastens selbst empfand. Gandhi-ji (-ji ist eine respektvolle Indische Anrede) entsprach diesem Wunsch gerne, denn er hatte viele Menschen gesehen, die sich durch eine falsche Herangehensweise beim Fasten Schaden zugefügt hatten. Er sah sich selbst als „eingefleischten Ernährungsreformer" und großen Anhänger des Fastens, auch wenn die meisten seiner Fastenaktionen geschahen, um moralische oder politische Ziele zu verfolgen. Hier einige der „Regeln", die er aus seiner eigenen Erfahrung herleiten konnte und die er Menschen ans Herz legt, die gerne länger als 24 Stunden fasten möchten:

- Gehen Sie von Anfang an sparsam mit Ihren Energien um, sowohl mit den körperlichen als auch mit den geistigen. Nehmen Sie sich keine anstrengenden körperlichen Aktivitäten vor.
- Versuchen Sie, während des Fastens nicht ans Essen zu denken.
- Trinken Sie so viel Wasser, wie Sie können – mit oder ohne etwas Salz, Soda oder Zitrone. Das Wasser sollte vorzugsweise abgekocht, gefiltert und gekühlt sein.

- Nehmen Sie während der Fastenzeit jeden Tag ein warmes Bad und waschen Sie sich mit einem Schwamm.
- Sonnenlicht und frische Luft sind für den Körper lebenswichtig. Setzen Sie sich beidem am Morgen aus.
- Sorgen Sie dafür dass Sie die Abfallprodukte aus Ihrem Körper ausscheiden, wenn Sie über einen längeren Zeitraum fasten.
- Egal aus welchem Motiv Sie fasten – denken Sie während dieser wertvollen Zeit an Ihren Schöpfer und an Ihre Beziehung zu Seiner Schöpfung.

Gandhi-ji fügt hinzu, dass die körperlichen und moralischen Auswirkungen jeden Tag klarer zu erkennen sind. Etliche Leiden können durch vernünftiges Fasten besser behandelt werden als mit Medikamenten, denn Medikamente richten mehr Unheil an, als uns bewusst ist. Dagegen sind nicht viele Fälle bekannt, in denen jemand Schaden am Fasten genommen hat. Tatsächlich machen Menschen, die fasten, im Allgemeinen die Erfahrung, dass sie mehr Lebensenergie in sich spüren. Das kommt daher, dass Körper und Geist nur während des Fastens wirklich zur Ruhe kommen. Ein freier Tag schenkt uns keine wirkliche Erholung – denn unser überlasteter und überarbeiteter Verdauungsapparat bekommt kaum jemals die Ruhe, die er verdient.

Die moralischen Auswirkungen des Fastens sind beträchtlich – aber sie sind nicht so leicht nachzuweisen. Gandhi-ji warnt uns in diesem Kontext weise vor dem Schaden von Selbstbetrug und zitiert die Warnung, die der Prophet Mohammed jenen seiner Anhängern gab, die sein Fasten nachahmen wollten: „Mein Schöpfer sendet mir genügend Nahrung, wenn ich faste, aber euch nicht." Dem fügte Gandhi-ji noch hinzu: „Welchen Nutzen hat eine spirituelle Fastenzeit, wenn der Geist sich nach Essen sehnt?"

Wir würden gut daran tun, wenn wir im Kopf behalten, dass Fasten keine Wunderkur ist: Seine Effektivität ist davon abhängig, ob wir unseren Organen eine wohlverdiente Pause geben. Das erlaubt auch den dem Körper innewohnenden Heilungskräften ihre Arbeit ohne Störung zu erfüllen.

Fastenbrechen
Wenn das Fasten beendet werden soll, ist es wichtig, dass wir es in der richtigen Art angehen. Je nach Dauer des Fastens sollte man anfänglich frische Obst- oder Gemüsesäfte trinken, später kann weiches Obst folgen. Es wäre gut, wenn nach dem Fasten für zwei oder drei Tage nur Obst gegessen würde. Später können Salate und Nüsse hinzukommen, und am fünften Tag kann wieder eine normale Ernährung aufgenommen werden. Es ist vor allem wichtig, dass wir nicht allen Nutzen, den wir durch das Fasten erreicht haben, wieder verlieren, indem wir zu falschen Essens- und Lebensgewohnheiten zurückkehren.

VIER ÄRZTE

Als ich ein kleiner Junge war, hatte ich einmal eine starke Erkältung und wurde zum Arzt geschickt. Auf dem Weg dorthin hielt ich an der Hütte eines heiligen Mannes. Als er hörte, dass ich auf dem Weg zum Arzt war, sagte er mir: „Ich konsultiere immer vier Ärzte, deren Behandlung ich vertraue." Ich war verblüfft. „Aber mein Herr", sagte ich zu ihm, „ich glaube nicht, dass ich so krank bin, dass ich vier Ärzte zu Rate ziehen muss. Ich glaube, einer reicht mir." Der heilige Mann lächelte und erklärte mir, dass die vier Ärzte, auf die er vertraute, ganz besondere waren – sie waren Dr. Gutekost, Dr. Ruhe, Dr. Sonnenschein und Dr. Lachviel.

Lassen Sie uns bessere Bekanntschaft machen mit diesen hervorragenden Spezialisten – denn sie sind uns immer zugänglich und sie kosten nichts!

Dr. Ruhe
Alle körperlichen, geistigen und intellektuellen Leistungen verbrauchen Energie. Um diesen Verlust wieder wettzumachen, brauchen wir Ruhe. Genauso wie die Nacht auf den Tag folgt, müssen Ruhe und Entspannung auf Stress und Anstrengung folgen. Selbstverständlich ist ein erholsamer Schlaf in der Nacht für unser Wohlsein wichtig. Aber abgesehen davon rate ich eindringlich, auch während des Tages Stille zu üben.

Wir leben in einer Welt, in der jeder viel zu viel redet! Wir reden übermäßig viel in der Öffentlichkeit und im Privaten. Wie ein weiser Mann sagte: „Die Menschen scheinen das Bedürfnis zu haben, ihre Fehler und falschen Taten unter einer Menge von Geschwätz zu verbergen." Wir müssen jeden Tag ein paar Minuten der heilenden, lindernden, reinigenden Wirkung der Stille widmen.

Stille ist Entspannung für den Geist, so wie Rast Entspannung für den Körper ist. Wir sollten uns ernsthaft darum bemühen, wenigstens einmal täglich dem Stress, der Belastung, der Anspannung und den Turbulenzen des Lebens zu entkommen und absolute Stille zu halten. Es wäre für uns ein Leichtes, anspruchslose Beschäftigungen wie etwa das Fernsehen oder belangloses Plaudern mit Freunden aufzugeben, um uns der Stille zuzuwenden.

Stille hilft uns, mit dem inneren Ich zu kommunizieren, Stille macht es uns möglich, unseren kleinlichen, berechnenden Intellekt zu disziplinieren. Stille bringt uns Gott nahe. In der Stille können wir unsere Gebete fühlen, Ihn erreichen, und in völliger Stille können wir sogar Seine Antworten auf unsere Gebete hören!

Ich nenne meine regelmäßigen Stunden der Stille mein „tägliches Treffen mit Gott". In dieser Zeit des Lärms und der ununterbrochenen Geschäftigkeit ist es unverzichtbar, dass wir die heilsame Gewohnheit der Stille kultivieren. Und tatsächlich ist das große Bedürfnis des modernen Menschen Stille. Als Hilfe, um Stress und Anspannung zu vermeiden, empfiehlt die bekannte Psychologin Deborah Bright etwas, was sie PQT – Personal Quiet Time – nennt, zweimal täglich zu praktizieren.

So wie Staubpartikel an unserer Kleidung haften, haften Lärmpartikel an unseren Herzen. Wir waschen unsere Kleidung mit Seife und Wasser, um sie zu reinigen. Auch unsere Seele will gereinigt sein und braucht täglich ein Bad im Wasser der Stille.

Stille heilt, Stille beruhigt, Stille tröstet, Stille reinigt, Stille belebt uns wieder. In dieser von Verlockungen und Verwirrungen geprägten Welt verletzen die spitzen Pfeile der Begierde, des Verlangens, des sinnlichen Hungers, der Leidenschaft und des Stolzes, der Unwissenheit, des Hasses und der Gier immer wieder unsere Seelen. Unsere Seelen ertragen die Narben von vielen Wunden. Stille ist der große Heiler, der diese Wunden heilen kann.

Wir müssen daran denken, dass es eine doppelte Stille gibt. Da ist die äußere Stille; sie ist Abwesenheit von Lärm, Freiheit von Geschrei und der Unruhe des täglichen Lebens. Und dann gibt es die innere Stille; sie ist Freiheit vom Aufbegehren der Begierden, das Ende der Gedankenakrobatik, die Beruhigung des Spiels von miteinander kämpfenden Kräften. Frieden reicht weiter als der Verstand, ja, er übertrifft ihn. Bevor wir diesen Frieden nicht erreicht haben, können wir nicht hoffen, jene ungebrochene Freude und Harmonie zu erfahren, nach denen unser Geist und unsere Seele stets rufen.

Heutzutage ist der starke Einfluss der Seele auf den Körper im Allgemeinen anerkannt. Wie ich schon betont habe, kann der Körper nicht gesund sein, wenn die Seele krank ist. Daraus können wir folgern, dass wir, wenn wir gesund sein wollen, auch „heilig" sein müssen.

Seien Sie nicht verschreckt durch das Wort „heilig". Es bedeutet nicht das, was Sie denken – allzu fromm und gläubig. Das englische Wort „holy" stammt aus der angelsächsischen Wurzel „wholth" – womit das gesamte Sein bezeichnet wird. Spirituelle Harmonie ist absolut unerlässlich, um die körperliche Disharmonie, die wir Krankheit nennen, zu bekämpfen. Spirituelle Harmonie entwickelt man am besten durch das Üben von Stille.

Es wird berichtet, dass Neurochirurgen in neuesten Forschungen Methoden zur Schmerzlinderung mit Überschall untersuchen. Es handelt sich dabei um ultrahochfrequente Schallwellen, die man nutzen kann, um Schmerzbahnen in unserem Gehirn zu zerstören. Ich bin sicher, dass das Praktizieren von Stille spirituelle Hochfrequenzwellen in Bewegung setzen kann, die Gottes eigene Heilungskräfte dazu bringen, Schmerzen zu beseitigen.

Ich kannte einen Arzt, der einmal eine Patientin wegen einer schweren Erkältung mit Halsentzündung und schwerer Atmung behandeln musste. Er verschrieb ihr ein einfaches Rezept: *völlige und absolute Ruhe.*

„Half diese Therapie tatsächlich?", fragte ich ihn. „Ja, natürlich", antwortete er. „Die Patientin litt wirklich. Ihre Symptome waren echt, aber ich konnte ihr keine Medizin verschreiben, denn ich wusste, dass ihr Leiden nicht körperlich war." „Ging es ihr dann besser?", ließ ich nicht locker. „An Körper, Geist und Seele", erwiderte mein Freund.

Albert Schweitzer sagte: „Jeder Patient trägt seinen eigenen Arzt in sich. Am besten geben wir diesem Arzt eine Chance, sich um den Patienten zu kümmern." Gott hat uns allen eigene Heilungskräfte gegeben. Wir müssen dieser Kraft nur erlauben zu wirken, und das kann man nicht besser erreichen, als dadurch, Stille zu üben.

Wenn wir den rauen und knirschenden Lärm der Welt ausschließen – die ohrenbetäubenden Geräusche von Menschen, Maschinen, Fahrzeugen, Streit, Auseinandersetzungen und Konflikten – werden unsere Herzen und Verstand beruhigt, und wir lauschen der göttlichen Harmonie in uns. Über diese göttliche Harmonie schreibt Shakespeare:

„So voller Harmonie sind die Unsterblichen.
Allein, derweil dies ird'sche Kleid von Lehm
sie grob verhüllt, verbleibt sie uns unhörbar."
(Der Kaufmann von Venedig, Akt 5, Szene 1)

Schön und heiter ist die Stille des Geistes! Wenn wir diese Gefilde betreten, erfahren wir Frieden, Harmonie und ein Gefühl des Wohlbefindens. Unser Ich löst sich auf, um der göttlichen Liebe Platz zu machen. Stress und Anspannung schmelzen. In diesem Zustand können wir unsere innere Stimme hören, die uns hilft, die schwierigsten Probleme dieses Lebens zu lösen.

Haben Sie schon einmal eine Pflanze beobachtet, die nicht gegossen wird? Ihre Blätter werden farblos, ihre Blüten verwelken, und alles hängt jämmerlich herunter. Sobald Sie die Pflanze wieder pflegen, werden die Blätter ihre Frische und Farbe zurückerhalten. Mit der Zeit werden die Blüten ihre Schönheit und ihren Duft wiedergewinnen, und die Pflanze wird ins Leben zurückgeführt. Alles, was Sie tun müssen, um dieses Wunder der Wiederherstellung wahr werden zu lassen, ist ihre Wurzeln zu wässern. Stille wässert die eigentlichen Wurzeln Ihres Lebens. Wenn Sie das Fenster Ihres Herzens und ihrer Seele öffnen, um die Stille des Geistes einzulassen, dann heben Sie Ihr Bewusstsein, um in das Wasser der göttlichen Heilung einzutauchen.

Hippokrates, der Vater der Medizin, glaubte, dass die Kraft, die den menschlichen Körper heilt, eine Lebenskraft sei, die in uns wohnt. Er benannte sie mit dem griechischen Wort *pneuma* – von dem wir die Worte *Geist* und *Seele* ableiten.

Der römische Mediziner Galen glaubte auch an die ganzheitliche Heilung von Körper, Geist und Seele. Bekannt ist sein Satz: „Ich verbinde die Wunde, Gott heilt sie." Die Heilung, jene gottgegebene Kraft, die uns innewohnt, kann zu unserem Wohl freigesetzt werden, wenn wir Stille pflegen.

Lassen Sie uns Einsamkeit suchen!
In seinem wunderschönen Essay „Die Über-Seele" schreibt Ralph Waldo Emerson: Wenn er (der Mensch) wüsste, dass der große Gott zu ihm spricht, dann müsste er „in sein Kämmerchen gehen und die Tür schließen".

Das bedeutet, dass wir uns in Stille und Einsamkeit zurückziehen – in das, was wir den Zustand der Meditation nennen.

Leider haben wir in der mechanischen Hektik der modernen Welt unsere Verbindung zu Stille und Einsamkeit verloren. Unser Leben wird zunehmend komplizierter; die Liste der zu erledigenden Dinge wird länger und länger, während 24 Stunden immer kürzer erscheinen. Am Ende des Tages fühlen wir uns verbraucht, erschöpft, gefühlsmäßig und geistig ausgelaugt. Wo finden wir Zuflucht vor der spirituellen Erschöpfung? Der römische Philosoph Marc Aurel antwortet: „Nirgendwo kann der Mensch ruhigere oder ungestörtere Zuflucht finden als in seiner eigenen Seele.“

Es erscheint mir, als ob viele Menschen heute Angst vor der Stille hätten, Furcht vor dem Alleinsein. Ich kenne einige Paare, die nicht gerne alleine einen ruhigen Abend zu Hause verbringen. Sie laden Freunde ein, oder sie gehen in Clubs oder in Restaurants, um bloß keiner Einsamkeit ins Gesicht schauen zu müssen. Ich kenne sogar einige Menschen, in deren Haus der Fernseher immer läuft – selbst wenn niemand zuschaut! Sie sagen mir, es sei beruhigend, die Geräusche vom Fernsehen zu hören!

Wieso haben wir Angst vor Einsamkeit und Stille? Möglicherweise, weil wir es nicht ertragen können, tief in uns selbst zu sehen. Deswegen sagen auch viele, dass sie keine Zeit für Stille oder Meditation haben. Aber wenn sie tief in sich gehen, werden sie begreifen, dass das Unendliche in Ihnen liegt – und dass wir nichts zu befürchten haben!

Dr. Sonnenschein

Es gibt einen alten Spruch: „Wo frische Luft und Sonnenschein eindringen, gibt es keinen Platz für den Arzt."

Sonnenbehandlung ist, wie Naturheilkunde im Allgemeinen, genauso alt wie die Menschheit an sich. Das *Surya-namaskar* (Sonnengruß, eine Yoga-Übung) war in Indien seit uralten Zeiten Teil unserer täglichen Routine. Während des 19. Jahrhunderts führte der Schweizer Arzt Arnold Rikli in Europa moderne Methoden in die Sonnenbehandlung ein und nannte sie Heliotherapie. Er war der erste, der in Europa ein Sanatorium für Luft- und Sonnenbehandlung gründete. Heutzutage steht die Schweiz mit ihren weltberühmten, hervorragenden Höhensanatorien auf Platz eins in den Sonnen-und-Luft-Heilbehandlungen. Riklis Standpunkt war klar: „Wasser ist gut, aber Luft ist besser, und am allerbesten ist Licht."

Experten sagen uns, dass, wenn wir uns den Strahlen der Morgensonne aussetzen, eine wahrhafte Revolution im Gewebe stattfindet. Abwehr- und Schutzmaßnahmen werden gefördert, die Widerstandskraft der Haut wird gestärkt, die Haut atmet besser aus und kann ihren Stoffwechselaustausch wirksamer durchführen. So werden in uns durch das Sonnenlicht neue Kräfte geweckt.

Hierzu möchte ich aber noch eine Warnung aussprechen. In Indien sind wir mit einer großen Menge an Sonnenlicht gesegnet. Die Sonne ist in vielerlei Hinsicht ein Heilungsfaktor, aber wir müssen sehr vorsichtig sein. Ganz abgesehen von Sonnenstich und einer direkten Verletzung durch Sonnenbrand, können auch viele andere Erkrankungen durch heißes und blendendes Sonnenlicht hervorgerufen werden, wenn man sich ihm zu unvorsichtig aussetzt. Daher müssen wir aufpassen, wenn wir hinaus in die Sonne gehen oder ein Sonnenbad nehmen, wie es einige modebewusste Menschen tun.

Licht und Sonnenschein fördern das Wachstum von Knochen und Muskeln: Sie stärken das Gewebe und üben einen vorteilhaften Einfluss auf das Herz, den Kreislauf und den Stoffwechsel aus. Wir tun gut daran, unsere Kinder von Anfang an dem günstigen Einfluss von Luft, Licht und Sonnenschein auszusetzen.

Luft und Licht sind die zwei Elemente, in denen wir leben und ohne die wir nicht existieren können. Es wird uns enorm gut tun, mit den belebenden Kräften der beiden in Verbindung zu sein. Wir müssen versuchen, soviel Luft und Licht wie möglich in unsere Heime und Arbeitsplätze kommen zu lassen – wenngleich die „Zivilisation" viele von uns dazu zwingt, in klimatisierten Räumlichkeiten zu leben und zu arbeiten, aus denen natürliches Licht und natürliche Luft verbannt worden sind.

Wir sollten uns außerdem nicht damit zufrieden geben, selbst Luft und Licht ausgesetzt zu sein, sondern wir sollten diese Wohltat auch unserem Heim und den Möbeln zugutekommen lassen. Ein Zuhause, in das weder Sonnenlicht und noch Luft eindringt, wird schal, muffig und ungesund. Helle, luftige, sonnige Räume bieten das bestmögliche Lebens- und

Arbeitsumfeld. Genauso sollten auch Teppiche, Kleidung und Bettwäsche von Zeit zu Zeit gelüftet werden.

Sonnenlicht und frische Luft sind eine wunderbare Hilfe für Gesunde und Kranke – Menschen mit guter Gesundheit werden stärker und weniger anfällig für Krankheiten; kranke Menschen werden von ihren heilsamen Strahlen kuriert.

Dr. Lachviel

Lachen ist nicht nur Medizin oder Stärkungsmittel, es ist die beste körperliche, geistige und spirituelle Übung, die Sie sich auferlegen können! Sehen Sie immer zu, dass auf Ihrem Gesicht ein Lächeln liegt – denn wie Mahatma Gandhi sagte: Ihre Bekleidung ist unvollständig, wenn Ihr Gesicht kein Lächeln trägt!

Der *Readers Digest*, eines der beliebtesten Magazine der Welt, hat eine Langzeit-Kolumne mit dem Titel „Lachen: die beste Medizin". Besser könnte ich es nicht sagen! Lachen ist ein körperliches, geistiges und spirituelles Elixier in einem. Unser *Magazin East and West* hat ebenfalls eine Kolumne mit dem Titel „Lach dich gesund". Alle unsere Leser lieben sie.

Ich sage meinen Freunden oft, dass sie mindestens dreimal täglich lachen müssen. Dreimal morgens vor dem Frühstück, dreimal mittags vor dem Mittagessen und dreimal abends vor dem Abendessen. Neun herzliche Lacher können Ihnen tatsächlich alle Nutzen von Dr. Lachviel einbringen – und Sie können glücklich und gesund sein.

Nur eine Warnung: Sie dürfen nicht über andere

lachen! Stattdessen müssen Sie lernen, über sich selbst zu lachen. Jeder von uns hat so viele Schwächen, so viele Fehler und Unzulänglichkeiten. Deswegen lassen Sie uns nicht über andere lachen. Unter allen Umständen: Lachen Sie mit anderen, aber nicht über andere.

Wann immer ich die Gelegenheit habe, zu Leuten zu sprechen, versuche ich sie dazu zu bringen, einen gesunden Humor zu entwickeln. Manchmal, wenn meine Zuhörer zu ernst schauen, unterbreche ich meinen Vortrag und bringe sie mit einem Witz, einer Anekdote oder einer amüsanten Geschichte zum herzlichen Lachen.

Ich glaube, dass die Gesellschaft einer Person, die über sich selbst lachen kann, immer ein Vergnügen ist. Ich lache oft über mich selbst. Einmal war ich bei einer Versammlung von Lehrern, denen mein Buch *Ten Commandments of a Happy Marriage – Die zehn Gebote einer glücklichen Ehe* ausgeteilt wurde. Ich bemerkte, dass es tatsächlich verwunderlich ist, dass ein eingefleischter Junggeselle wie ich sich entschlossen hatte, ein Buch über die Ehe zu schreiben.

Manche Menschen behaupten, sie hätten nicht viel, worüber sie lachen können. Aber ich antworte immer: „Alles ist gut, alles war gut, und alles wird immer gut sein, sowohl morgen, als auch in hundert Jahren!" Wer an diese großartige Wahrheit glaubt, der wird nicht mehr aufhören, das Lächeln der Glückseligkeit zu lächeln.

In allem was uns passiert – in jedem Ereignis und Missgeschick, in jeder Krankheit und Not – manifestiert sich die göttliche Gnade. Das Geheimnis des sorgenfreien Lebens liegt also darin, heute mit Gott neben sich zu gehen und Ihm für den folgenden Tag zu vertrauen! Das Lächeln der wahren Glückseligkeit hängt nicht von äußeren Bedingungen ab. Es liegt in uns. Wir müssen es nicht erwerben, aber wir müssen es wiedererlangen.

Die Heilkräfte des Lachens sind von Gesundheitsexperten aus dem Westen gut dokumentiert und erforscht. Ein typischer Fall ist der des bekannten amerikanischen Journalisten Norman Cousins. Er nahm den Spruch „Lachen ist die beste Medizin" sehr wörtlich. Er litt an einer schmerzhaften degenerativen Erkrankung der Wirbelsäule. Um seine Schmerzen und Entzündungen zu lindern, verabreichten ihm die Ärzte starke Medikamente, aber sie gaben ihm wenig Hoffnung auf Heilung. Norman Cousins hatte sich früher als Journalist mit Medizin beschäftigt, und ihm war bewusst, dass Pessimismus und Depression die körpereigene Abwehr- und Widerstandskräfte schmälern können. Umgekehrt, dachte er sich, müsste eine positive Einstellung die Widerstandskraft erhöhen und sogar dazu beitragen, die Krankheit zu überwinden.

Also traf Cousins eine mutige Entscheidung. In Zusammenarbeit mit seinem Arzt beschloss er, die meisten seiner Medikamente abzusetzen, er beschränkte sich lediglich auf die Einnahme großer Dosen an Vitamin C.

Dann begann er einen Kurs für positives Denken – und er begann, viel zu lachen. „Nichts ist weniger lustig, als wenn man flach auf dem Kreuz liegt und jeder Knochen Ihrer Wirbelsäule und jedes Gelenk schmerzt", schrieb er später in seinem Bestseller *Der Arzt in uns selbst. Anatomie einer Krankheit*. Er bat um einen Filmprojektor und eine kleine Leinwand, die er in sein Zimmer stellte, und er begann, jeden Tag lustige Filme und Comedy Shows anzusehen, die er im Fernsehen aufgenommen hatte. Außerdem bat er seine Krankenschwester, ihm witzige Bücher vorzulesen. Er stellt fest, dass Lachtränen eine andere chemische Konsistenz als Tränen der Traurigkeit haben!

„Ich entdeckte, dass zehn Minuten echtes Bauchlachen einen narkotisierenden Effekt haben und ich danach mindestens zwei Stunden schmerzfrei schlafen konnte", schreibt Cousins in seinem Buch. Als die Ärzte diese deutliche Verbesserung seiner Gesundheit feststellten, beschlossen sie, seine Blutsenkungsreaktion – eine wichtige Maßeinheit für Entzündungen – zu testen, und zwar vor und nach jeder Lachsitzung. Sie fanden heraus, dass sie nach jeder Sitzung geringfügig fiel, und dass sie weiter fiel, je weiter die Therapie voranschritt.

Einige Monate später beschloss Cousins, über seine unkonventionell Heilung in dem renommierten *New England Journal of Medicine* zu schreiben. Sein Artikel ließ sicherlich einige Augenbrauen in die Höhe fahren; aber es brachte einige Gesundheitsexperten zum Lächeln.

Inzwischen wissen wir, dass Cousins kein Einzelfall ist. Lachtherapie ist mehr und mehr gefragt, und weltweit werden Lachclubs eröffnet. Die Forschung hat bewiesen, dass Lachen nicht nur Stress reduziert und Schmerzen beendet, sondern sogar die Stress- und Immunitätschemie des Körpers verändert.

In einer Studie, die erst kürzlich durchgeführt wurde, gaben zehn gesunde Menschen in einem Zehn-Minuten-Takt Blutproben ab. Während fünf von ihnen für eine Stunde still in einem Raum saßen, sahen die anderen fünf ein sechzigminütiges Video eines bekannten Komödianten. Als ihre Blutproben auf acht verschiedene Hormone und biochemische Komponenten untersucht und verglichen wurden, fand man heraus, dass die Gruppe, die der „Lachtherapie" unterworfen war, einen signifikanten Abfall von Cortisol und Adrenalin zeigte – beides Stresshormone, die dafür bekannt sind, die Immunfunktionen zu reduzieren.

Lachen heilt die Kranken, den Gesunden hebt Lachen die Laune und befreit sie von Anspannung. Und Lachen ist ansteckend, Ihr Lächeln spiegelt sich immer in dem Gesicht derjenigen, die Sie anlächeln. Einige Minuten Lachen kann Wunder in unserer Stimmung bewirken.

Kennen Sie den Witz von dem Chirurgen, der seinem Patienten nach einer großen Operation eröffnet: „Ich fürchte, wir müssen Sie noch einmal operieren. Wissen Sie, ich habe meine Gummihandschuhe in Ihnen vergessen." – „Wenn das der einzige Grund ist", sagt der Patient, „dann bezahl ich lieber für sie, aber lassen sie mich in Ruhe!"

Ärzte haben einen großartigen Sinn für Humor. Das ist der Grund, warum Medizinerwitze so beliebt sind. Eine junge Frau ging zum Arzt und klagte über Schmerzen. „Sie müssen mir helfen", jammerte sie. „Ich leide Qualen – ich habe akute Schmerzen!"

„Wo genau tut es ihnen weh?" fragte der Arzt. „Überall", war die Antwort. „Wie meinen sie das, überall?" fragte der Arzt. „Bitte seien Sie etwas genauer."

Die Frau berührte ihr rechtes Knie mit dem Zeigefinger und kreischte: „Au! Das tut weh!" Dann berührte sie vorsichtig ihre linke Wange und schrie wieder: „Aua! Das tut auch weh!" Dann berührte sie ihr rechtes Ohrläppchen, „Oh mein Gott, selbst das tut weh!", weinte sie. Der Arzt sah sie nachdenklich an und erklärte ihr seine Diagnose: „Sie haben einen gebrochenen Finger, meine Liebe!"

Ein altes chinesisches Sprichwort sagt uns: „Mit Lachen verbrachte Zeit ist mit den Göttern verbrachte Zeit." Lachen ist ein natürliches Elixier, ein Stärkungsmittel mit sofortiger Wirkung.

Ein Gespür für das Lächerliche, ein Gespür für das Absurde kann uns augenblicklich helfen, die Dinge aus einer anderen Perspektive zu sehen. Das ist der Grund, warum es einem lächelnden Patienten, einem Patienten mit Humor bald besser geht. Und das mag auch der Grund dafür sein, warum es so viele Witze über die medizinischen Berufe gibt, denn Ärzte kennen die psychologische Notwendigkeit von Humor.

Gesundheit und Heiterkeit sind wesentlich miteinander verbunden. Frohe, zufriedene Menschen werden seltener krank als mürrische oder besorgte. Diejenigen, die eher dazu neigen, die Sonnenseite des Lebens zu sehen, fallen selten stressbedingten Erkrankungen zum Opfer.

Henri Rubinstein, ein französischer Neurologe, hebt in seiner Forschungsarbeit hervor, dass eine Minute herzlichen Lachens dem Körper den Gegenwert von 45 Minuten therapeutischer Entspannung geben kann. Insofern ist Lachen wie eine Leibesübung – der erzielte Nutzen dauert auch noch lange an, nachdem die Übung vorbei ist.

Ärzte, die mit der Lachtherapie gearbeitet haben, verbürgen sich für das Folgende: Dass Lachen

- die Herzfrequenz reduziert,
- die Blutgefäße erweitert,
- den Appetit anregt,
- gute Hormone absondert, die wie natürliche Schmerzmittel wirken,
- Stress vermindert,
- überschüssige Kalorien verbrennt,
- die Verdauung verbessert,
- ebenso entspannt wie anregt,
- mehr Sauerstoff in jede Zelle des Körpers schickt,
- die Gewebeheilung beschleunigt,
- Körperfunktionen stabilisiert,
- den Körper gegen Infektionen und anormale Wucherungen stärkt.

Insgesamt schlussfolgern Ärzte, dass fröhliche Menschen Krankheiten besser die Stirn bieten können als deprimierte. Oder, wie ein geistreicher Arzt es ausdrückt: „Den mürrischen Vogel erwischt der Wurm!"

Es wäre wohl passend, wenn ich diesen Abschnitt über das Lachen damit beende, Sie zu ermutigen, Ihre Leiden wegzulachen.

Ein Patient, der mit einer chronischen Erkrankung in ein Krankenhaus eingewiesen worden war, klagte seinem Arzt: „Herr Doktor, Sie sagten mir, dass ich noch einen Monat zu leben habe – und jetzt schicken Sie mir eine Rechnung über 10 000 Dollar! Wie soll ich das bis zum Monatsende zahlen?" – „Ich verstehe Ihr Problem", sagte der Arzt. „Gut, dann haben sie noch sechs Monate zu leben. Ist das in Ordnung?"

„Herr Doktor!", schrie der verängstigte Patient. „Sagen Sie mir bitte, muss ich sterben?" – „Das ist das letzte was sie tun werden!", beruhigte ihn der Arzt.

„Ich bin lebensmüde, Her Doktor", sagte der Patient, der den Facharzt zum ersten Mal aufsuchte. „Sagen sie mir, was ich tun soll!" – „Zahlen Sie im Voraus!", riet der Arzt.

„Sie sehen ratlos aus, Herr Doktor", stellt der Patient fest. „Was stimmt mit mir nicht?" – „Ich kann nicht genau feststellen, was bei ihnen nicht stimmt", sagte der Arzt. „Vielleicht ist es das Resultat von ausschweifendem Trinken." – „Nun", sagte der Patient, „dann komm ich zurück, wenn Sie nüchtern sind."

Lachen heilt nicht nur den Körper, sondern auch den Geist. Lachen ist ein Beruhigungsmittel, das dem Gehirn nicht schadet. Es ist ein Aufputschmittel ohne Nebenwirkungen. Es belebt unsere Leben und verbindet uns enger miteinander.

Haben Sie mal Kinder beim Spielen beobachtet? Machen Sie sich bewusst, wie oft sie laut lachen. Das wird Sie lehren, sich kindlich zu verhalten. Machen Sie den bewussten Versuch, so oft Sie können zu lachen. Norman Cousins erzählt uns, dass man „schlechte Tage" durch Lachen in „gute Tage" verwandeln kann.

Dr. Gutekost
Der Mensch kann nicht leben ohne Luft, Wasser und Nahrung. Während uns Luft und Wasser in ihrem natürlichen Zustand zur Verfügung stehen, muss das Essen von uns selbst ausgewählt, zubereitet und gegessen werden. Die Gita lehrt uns, dass es drei Arten von Nahrung gibt: *sattvische, rajasische* und *tamasische.*

Sattvische Nahrungsmittel tragen zu innerer Ruhe und Seelenfrieden bei. Sie regen gottgefällige Gedanken und Gefühle an. Sie halten uns in einem Zustand von emotionaler Ausgeglichenheit und Gelassenheit. *Rajasische* Nahrungsmittel spornen die Leidenschaft an und führen zu Ruhelosigkeit. *Tamasische* Nahrungsmittel rufen Einfallslosigkeit, Trägheit und Lethargie hervor. Sie führen auch zu unmoralischen Gedanken.

Sattvisches Essen gibt uns genau die richtige Menge an Energie – nicht zu viel und nicht zu wenig. *Sattvisches* Essen ist leicht verdaulich und erlaubt uns, uns mit einer ausreichenden Energiebilanz unserer Arbeit zu widmen. Es ist reich an Proteinen, Kohlenhydraten, Vitaminen und Ballaststoffen. Außerdem beruhigt *sattvisches* Essen unsere Sinne.

Rajasisches Essen gibt uns eine Menge Energie, aber wir verbrauchen viel davon, um es zu verdauen und auszuscheiden. Da es Energieverstärker enthält, ist die Wahrscheinlichkeit größer, dass Giftstoffe im Körper aufgebaut werden, falls diese Energie nicht vollständig benutzt wird. Ayurvedische Ärzte berichten uns, dass reichhaltiges Essen diese Art Stress erzeugt, der die Ursache von Atemwegs-, Nieren- oder Herzleiden sein kann. *Rajasisches* Essen führt auch zu Fettleibigkeit, Diabetes und Geschwüren. *Tamasisches* Essen gibt uns nur sehr wenig Energie, aber es ist schwer verdaulich. Des Weiteren erzeugt es eine Menge Giftstoffe im Körper.

Die ideale Ernährung vermeidet *rajasisches* und *tamasische* Nahrungsmittel. Es wird Sie nicht erstaunen, dass das, was schon die alten Hinduschriften als *sattvisch* ansahen, heute für die ideale Ernährung gehalten wird, wenn auch unter einem anderen Namen. Fachleute nennen es ballaststoffreich, natürlich, voller Antioxidantien, etc., und wir werden ermuntert, mehr dieser Nahrung zu uns zu nehmen. Die Nahrung, die unsere Weisen *rajasisch* und *tamasisch* nannten, wird jetzt als fett- und cholesterinreich, als krebserregend etc. bezeichnet, und wir werden ermahnt, sie weitgehend aus unserer Ernährung zu verbannen.

In der *Gita* drängt Krishna Arjuna dazu, eine *sattvische* Ernährung einzuhalten. Eine solche Kost ist einfach und nahrhaft; sie gibt angemessene Energie und ist leicht verdaulich. Sie ist gesundheitsförderlich und unschädlich. Sie bietet große Vielfalt und erfreut Auge wie Gaumen.

Obst und Gemüse

Obst wurde als Essen der Götter bezeichnet – und als das Essen der *Rishis* und *Yogis*. Früchte sind die Delikatessen der Natur selbst, die in der Wärme der Sonne zu saftiger Güte reifen. Sie sind reich an Vitaminen und Mineralien und geben uns viele Ballaststoffe. Orangen, Grapefruits und Zitronen sind die besten Quellen für Vitamin C. Außerdem sind sie reich an einer schnell verdaubaren Form des Zuckers, die uns sofort Energie verleiht, ohne die schädlichen Auswirkungen von raffiniertem Zucker mit sich zu führen.

Kochen zerstört wichtige Vitamine in Früchten. Das gleiche gilt für getrocknetes Obst, das zwar seine Energie beibehält, aber viel von seinem Nährwert verliert. Dosenobst ist am besten ganz zu vermeiden, denn die Dosen enthalten giftige Konservierungsstoffe. Aus all diesen Gründen ist es am besten, entsprechend der Jahreszeit frisches, reifes Obst zu essen.

Wir hier in Indien haben das Glück, eine so große Zahl an Obst das ganze Jahr über zu haben: grüne und schwarze Weintrauben, Erdbeeren aus den Anhöhen, köstliche Wassermelonen und Cantaloupe Melonen, Mangos – die Königin der Früchte –, Birnen, Äpfel, Pfirsiche, Litschis, Papaya, Granatäpfel, Chikku, Ber und mindestens hundert verschiedene Bananensorten! Die teuersten Früchte sind nicht unbedingt die nahrhaftesten! Das alte Sprichwort mag behaupten: „An apple a day keeps the doctor away!" – „Ein Apfel am Tag hält den Arzt fern." Aber die Frucht des armen Mannes, die Banane, enthält weit mehr Nährstoffe und Güte als der teure Apfel.

Gemüse sind wunderbare Produkte von Mutter Natur. Ihr göttlicher Garten bietet wahrhaftig ein Feuerwerk von leuchtenden Farben mit den Rot- und Gelb-, Grün- und Violett-, Pink-, Weiß-, Braun-, und Malvetönen dieser köstlichen Wunder. Ein fachkundiger Vegetarier wäre stolz, Ihnen zu erzählen, dass man mühelos einen ausgeglichenen Speiseplan zusammenstellen kann, indem man nur von jeder Farbe etwas auswählt!

Gemüse ist nicht nur ein Vergnügen für das Auge – es richtet sich an jeden Geschmack: grünes Blattgemüse, Knollen wie Kartoffeln, Süßkartoffeln, Rote Bete, weiche Gemüsesorten wie Zucchini, Kürbis, Kohl, Blumenkohl, Bohnen, Auberginen, Tomaten, Knoblauch, Erbsen, Zwiebeln – ganz abgesehen von so herrlichen Kräutern wie Koriander, Basilikum, Petersilie etc. Eine ausgewogene Ernährung aus grünem Blattgemüse, Getreide und Hülsenfrüchten stellt hinsichtlich Nährwert und Energie eine perfekte Kombination dar. Salate sind sicherlich bei jedermann der Favorit.

Eine vegetarische Ernährung

Praktisch gesehen kann man Lebensmittel in zwei Kategorien unterteilen: Essen der Gewalt – *himsa* – Lebensmittel die Fisch, Fleisch und Geflügel beinhalten; die Alternative ist Essen der Gewaltlosigkeit – *ahimsa* – in anderen Worten, eine vegetarische Ernährung.

Während der letzten fünfzig Jahre, vielleicht auch schon länger, neigen Gesundheitsexperten und

Ernährungswissenschaftler weitgehend zu der Auffassung, dass eine vegetarische Ernährung der Gesundheit am besten dient. Anatomische und physiologische Studien deuten darauf hin, dass der zivilisierte Mensch dazu bestimmt ist, ein Vegetarier zu sein. Sein ganzes Verdauungssystem, seine Zähne, sein Magen und sein Darm sind so strukturiert, dass sie als Beweis dienen können, dass die Natur selbst es wollte, dass er Vegetarier ist.

Eine vegetarische Ernährung beinhaltet alles Folgende: Körner wie Reis, Weizen, Mais, Hirse etc., Hülsenfrüchte wie Bohnen und Linsen, Wurzeln und Knollen, wie Kartoffeln, Karotten und Zwiebeln, frische und getrocknete Früchte wie Äpfel, Mango, Wassermelonen, Bananen, wie auch Mandeln, Cashewnüsse, Erdnüsse, etc. Hinzu kommt ein häufiger und reichlicher Verzehr von Blatt- und anderem Gemüse, mit dem Gott die Erde gesegnet hat.

Einige behaupten, dass Milch, da es ein tierisches Produkt ist, in einer strikt vegetarischen Diät nichts zu suchen hat. Allerdings müssen wir keine Kuh schlachten, um ihre Milch zu erhalten.

Mahatma Gandhi, der ein leidenschaftlicher Verfechter der veganen Ernährung war – die nicht einmal Milch zulässt –, nahm für etwas sechs Jahre keine Milch zu sich. Dann, 1917, wurde er krank und war, wie er selbst sagte, „zu einem Skelett zusammengeschrumpft". Die Ärzte warnten ihn, dass er, falls er nicht wieder Milch und Milchprodukte zu sich nähme, nicht genügend Kraft erlangen könne, um sein Bett zu verlassen. Aber Gandhi-ji hatte geschworen, keine

Milch zu sich zu nehmen. Ein Arzt wies ihn darauf hin, dass er, als er sein Gelöbnis abgelegt hatte, eventuell nur die Milch von Kühen und Büffeln im Sinne hatte, der Schwur sollte ihn also nicht davon abhalten, Ziegenmilch zu trinken! So begann Gandhi-ji, Ziegenmilch zu trinken. Damals gab er selbst zu, dass sie anscheinend neues Leben in ihm weckte. Er erholte sich schnell und war bald wieder in der Lage, sein Krankenbett zu verlassen. Aufgrund dieser und ähnlicher Erfahrungen schrieb er: „Ich musste gestehen, dass es eine Notwendigkeit ist, der vegetarischen Ernährung Milch hinzuzufügen." Zu dieser Zeit schrieb Gandhi-ji prophetisch:

„Ich bin überzeugt, dass in dem großen Königreich der Pflanzen etwas existiert, das uns die notwendigen Substanzen liefert, die wir von der Milch erhalten, und das frei ist von ethischen Schattenseiten."

Ernährungswissenschaftler glauben jetzt, dass Sojamilch und Tofu in der Tat diese Alternative bieten können.

Gründe für die vegetarische Ernährung
Die Argumente für vegetarische Ernährung lassen sich in vier Kategorien unterteilen:

1. Physiologische: Der Verzehr von Fleisch ist für ernsthafte Erkrankungen wie Krebs verantwortlich.

2. Moralische und ethische: Man könnte hier viel über die schamlose Grausamkeit sagen, die stummen und wehrlosen Tieren angetan wird.

3. Wirtschaftliche: Es ist bewiesen, dass gleichwertige oder bessere Nahrung aus vegetarischem Essen

wirkungsvoller und kostengünstiger gewonnen wird, als aus fleischhaltiger Kost.

4. Ästhetische: Niemand fühlte sich jemals vom Anblick eines Salats oder anderer vegetarischer Gerichte angewidert.

Allerdings betrachten wir jetzt die vegetarische Diät im Bezug zur Erhaltung einer guten Gesundheit der Menschen. Millionen Individuen weltweit ernähren sich vollständig vegetarisch, sie sind gesund und führen ein sehr leistungsfähiges Leben.

Hinsichtlich des Nährstoffgehalts sind Proteine die einzige Rechtfertigung für das Essen von Fleisch. Allerdings ist zur Genüge nachgewiesen, dass man ausreichend Proteine aus fleischfreien Quellen erhalten kann, etwa von Linsen, Bohnen, Nüssen etc.

Wenn es etwas gibt, wovor die Menschen so viel Angst wie vor einer nuklearen Explosion haben, dann ist es die gefürchtete Substanz Cholesterin. Erhöhte Mengen von Cholesterin im Blut sind verantwortlich für koronare Herzkrankheiten und Gallensteine. Es ist inzwischen allgemein bekannt, dass tierische Fette den Cholesterinspiegel im Blut ansteigen lassen. Des Weiteren beeinflussen die gesättigten Fettsäuren in tierischen Fetten koronare Herzkrankheiten negativ.

Cholesterin ist genau genommen ein Steroid, das in allen Tierzellen vorhanden ist. Es kommt in allen Lebensmitteln tierischen Ursprungs vor, in Fleisch ebenso wie in Fisch, Milch, Sahne, Käse, Eiern oder Butter. Cholesterin ist im Fettanteil dieser Lebensmittel vorhanden. Die meisten pflanzlichen Lebensmittel wie Obst, Gemüse und Getreide enthalten kein Cholesterin.

Forschungen haben ergeben, dass tierische Fette den Cholesterinspiegel heben, während bestimmte Gemüsearten ihn sogar senken.

Ein anderer Faktor, den wir berücksichtigen sollten, wenn wir den Gesundheitsaspekt nicht-vegetarischer Ernährung bewerten wollen, ist, dass die Menge giftiger Abfallprodukte im Fleisch eines toten Tieres sehr hoch ist. Wenn wir Fleisch essen, konsumieren wir also nicht nur die sogenannten nahrhaften Anteile, sondern auch diese giftigen Endprodukte. Es ist dem Körper nicht möglich, diese Gifte sofort und erfolgreich auszuscheiden.

Mythen über vegetarische Ernährung
Eine ganze Reihe von Menschen ist überzeugt, dass sie und ihre Kinder nicht stark sein können, wenn sie kein Essen der Gewalt zu sich nehmen. Sie sagen, nur Fleisch, Geflügel und Eier können dem Körper Kraft verleihen. Wird der Körper ohne dieses Essen nicht schwächlich und kränklich?

Als Antwort auf diese Frage will ich das Beispiel des Elefanten anführen, der eines der größten und stärksten Tiere der Welt ist – und wir alle wissen, dass der Elefant reiner Vegetarier ist! Noch ein anderer Vegetarier ist das Kamel, das schwere Lasten durch endlose, glühend heiße Wüsten trägt.

„Was ist mit dem Löwen?", mögen manche fragen. Der Elefant kann sich nicht mit der Kraft und Wildheit des Löwen messen. Richtig, aber die Kräfte des Löwen sind zerstörerisch, während die des Elefant nutzbringend sind und er sie zugunsten der Menschheit einsetzen kann. Der Elefant trägt bis heute riesige Baumstämme durch die Teakwälder von Burma. Könnten wir einen Löwen dazu bringen? Vielleicht schon – aber nur im Zirkus; oder draußen, wenn wir unser Leben riskieren wollen.

Eine andere abwegige Ansicht lautet, dass wir aus einer vegetarischen Ernährung nur unzureichend Proteine beziehen können. Fleisch, sagt man, ist für uns die einzig nutzbare Quelle von Proteinen.

Bei einer Frage-Antwort-Versammlung, bei der ich auf die Vorzüge einer vegetarischen Ernährung verwies, stand ein Mann auf und wand ein, dass man ohne Fleisch nicht genügend Proteine erhalte. Ich bat ihn, mir zu sagen, was genau Proteine seien – was er unter dem Begriff Protein verstehe.

Er war verwirrt und antwortete zögernd: „Ich weiß nicht, was Protein ist, aber ich weiß, dass es jeder braucht."

„Können Sie mir sagen, wie viel der Mensch davon braucht?", fragte ich ihn.

„Ich kann es Ihnen nicht genau sagen", war seine Antwort, „aber ich bin sicher, dass wir eine ganze Menge davon brauchen, um den Körper gesund zu erhalten."

Ich fürchte, dass viele von uns ziemlich unwissend sind, was die tatsächlichen Bedürfnisse unseres Körpers betrifft. Proteine findet man in jedem lebenden Ding – im Gemüse wie im Tier. Sie sind im Überfluss vorhanden! Neben dem Wasser sind sie die reichlichste Substanz im Körper. Ihre Funktion ist es, beim Aufbau von Muskeln, Blut, Haut, Haar, Nägel, und allen Organen des Körpers zu helfen. Unser Proteinbedarf variiert individuell. Es ist abhängig von Körpergewicht, Geschlecht und der Art der Arbeit, die jemand verrichtet. Wenn Sie mehr Proteine zu sich nehmen, als Ihr Körper benötigt, dann kann das zu degenerativen Leiden wie Osteoporose und Fettsucht führen.

Der durchschnittliche minimale Proteinbedarf eines Mannes oder einer Frau wird auf ungefähr 45 Gramm pro Tag geschätzt. Diese Menge können wir leicht aus Milch (vorzugsweise fettarme Milch, um überschüssiges Fett zu reduzieren), Joghurt, Käse, Linsen, Sojaprodukten, Bohnen, Erdnüssen und Sonnenblumenkernen beziehen. Der weltbekannte Ernährungswissenschaftler Earl Mindell schreibt in seinem Buch *Die Vitamin Bibel*: „Ein gutes Reis-Bohnen-Gericht mit etwas Käse kann genauso nahrhaft sein wie ein Steak, aber billiger und fettärmer."

Selbst in der Qualität ist das pflanzliche Protein hochwertiger als jenes, das man aus Fleisch bezieht. Christopher Gian-Cursio, ein Ernährungswissenschaftler von Ruf, sagt uns: „Pflanzen sind primäre Quellen, die von Sonne und Erde genährt worden sind, während Fleisch eine sekundäre Quellen ist, die von Pflanzen ernährt und unterstützt worden ist." Die meisten Tiere, die getötet werden, um gegessen zu werden, leben von vegetarischer Nahrung. Warum also sollten wir nicht zur Quelle aller Ernährung – vegetarischer Kost – zurückkehren?

Warum Menschen Vegetarismus wählen
Aufgrund des Ausbruchs bisher unbekannter Tierkrankheiten wie etwa des Rinderwahnsinns oder der Vogelgrippe sind Fleischesser auf der ganzen Welt seit einiger Zeit dazu gezwungen, ihr Essverhalten zu überdenken und neu zu bewerten. Das hat ihnen ihre Ernährungswahl bewusster werden lassen, und es hat ihnen mehr und mehr die Vorteile einer vegetarischen Ernährung gezeigt.

Es gab eine Zeit, da Vegetarismus im Westen als „Bewegung von Verrückten" angesehen wurde. Doch inzwischen haben sich die Zeiten geändert. Eine weiter wachsende Zahl von Menschen wendet sich dem Vegetarismus als einer Lebensweise zu, die zu Gesundheit und Stärke von Körper, Geist und Seele führt.

Viele von uns wissen nichts über die Bedürfnisse unseres Körpers. Seneca sagte einmal: „Es werden mehr Menschen durch den Magen als durch das Schwert getötet." Diesen Worten liegt heute noch viel mehr Wahrheit inne als zu jenen Tagen vor zweitausend Jahren, da sie geschrieben wurden. Ich glaube, es ist höchste Zeit, dass unsere Schulen und Universitäten anfangen, den Studenten Bildung über die Ernährung mitzugeben.

Mahatma Gandhi sagte: „Ich halte Fleisch für eine für unsere Spezies ungeeignete Nahrung. Wenn wir wirklich glauben, dass wir überlegen sind, dann ist es falsch, wenn wir die niederen Tiere nachahmen. Erfahrungen lehren uns, dass fleischliche Nahrung ungeeignet ist für jene, die ihre Leidenschaften zügeln wollen."

Millionen von gesunden Menschen in der Welt haben sich heutzutage gänzlich fleischlos ernährt – und sind gesund geblieben und haben gleichzeitig ein langes erfolgreiches Leben geführt. So haben wir:

- Unzählige Hindus wie auch einige Chinesen, die seit zahllosen Generationen Vegetarier sind.
- Sieben-Tage-Adventisten überall in der Welt.
- Die Hunzas – ein uralter Volksstamm in Pakistan – denen es seit Jahrhunderten mit einer fast fleischlosen Ernährung gut geht.

Dazu kommen noch zahlreiche Gesundheitsbewusste und Fitnessfreaks, die jedes Jahr zu einer vegetarischen Ernährung übergehen!

In einem interessanten Buch, das ich vor Jahren las, argumentierte Edwin Flatto, dass diejenigen, die Fleisch essen, nur Körner und Pflanzen aus zweiter Hand essen. Die Tiere, die sie essen – Kühe, Ziegen, Schafe, Hühner etc. –, erhalten ihre Nährstoffe aus Pflanzen und Körnern. Diese Tiere geben die Nährstoffe, die sie erhalten haben, an Fleischesser weiter. Wie viel besser wäre es doch, wenn sie es direkt beziehen würden.

Der bekannte Vegetarier Dr. Kellogg sagte: „Wenn wir Vegetarisches essen, müssen wir uns keine Sorgen machen, an welcher Krankheit das Essen gestorben ist. Das macht es zu einer erfreulichen Mahlzeit!"

Essen Sie weniger, nicht mehr!
Essen ist im Grunde genommen des Menschen stärkster Trieb. Kein Wunder also, dass heutzutage ein gro-

ßes Geschäft mit dem Übergewicht gemacht wird. Diäten und fettarme Lebensmittel sind zu einer internationalen Modeerscheinung geworden. Die verunsicherte Mutter und Ehefrau weiß nicht, was sie glauben soll. Sie starrt verwirrt auf das riesige Angebot von konservierten, weiterverarbeiteten und chemisch behandelten Nahrungsmitteln. Darüber hinaus gibt es noch ein Dutzend Bücher und Magazine, die für die neuste, moderne Diät und „Wunderessen" werben. In den Worten des französischen Philosophen Dumoulin: „Ich habe zwei großartige Ärzte hinter mir, einfaches Essen und reines Wasser."

Lukmaan war ein Arzt und Heiler in der Antike. Eines Tages kam ein Mann zu ihm und bat ihn: „Verraten Sie mir in ein paar Worten das Geheimnis guter Gesundheit." Lukmaans Antwort war tatsächlich bedeutungsvoll: „*Kam Khao, Gam Khao*", sagte er dem Mann.

Kam Khao bedeutet „Esst weniger". *Gam Khao* heißt „Reagiert nicht vorschnell und unbedacht". Wir müssen lernen, weniger zu essen, als wir zu brauchen glauben. Ziemlich oft essen wir, obwohl wir nicht hungrig sind. Viele Menschen essen (ziemlich unnötigerweise) vier Mahlzeiten am Tag. Wieder andere werden von falschem Hungergefühl irregeführt, was wahrscheinlich nichts anderem als der puren Langeweile oder dem Mangel einer sinnvollen Aufgabe entspringt. Deswegen nehmen sie Zuflucht zum Essen, nur um sofort ein Gefühl der Schwere oder Aufgeblasenheit zu empfinden.

Wir müssen lernen, maßvoll zu essen. Manche Menschen glauben, sie müssten essen, bis ihr Magen voll ist. Aber tatsächlich sollte der Magen nur halbvoll mit Essen sein. Wenn wir unseren Magen mit Fast Food, Junkfood oder einem Überschuss an Kohlenhydraten und Fetten füllen, dann ist es uns vorherbestimmt, an den Erkrankungen des Überessens zu leiden. Ich empfehle meinen Freunden, dass alles Gekochte in Maßen gegessen werden sollte, Ungekochtes wie Salate oder frisches Obst jedoch in Fülle – ich nenne es mein „sonnengekochtes" Essen! Hier sind einige Regeln, die Sie bei Ihrer Ernährung beachten können:

1. Sprechen Sie ein kleines Gebet der Dankbarkeit zum Herrn, bevor Sie Ihre Mahlzeit starten. Denken Sie daran, wenn das Essen als *prasadam* (Opferspeise) gegessen wird, dann reinigt es Sie.

2. Trinken Sie kein Wasser während des Essens. Wasser verdünnt die Verdauungssäfte, und das kann die Verdauung hemmen.

3. Ruhen Sie sich nach dem Essen eine halbe Stunde lang aus, das heißt, halten Sie sich von körperlicher Arbeit fern. Die Energie des Körpers sollte nicht von ihrer Hauptaufgabe, der Verdauung, abgelenkt werden.

4. Alles, was Sie essen, muss gründlich gekaut werden, denn der Verdauungsprozess beginnt im Mund. Kauen hilft dem Verdauungsprozess.

5. Versuchen Sie, keine Zwischenmahlzeiten einzunehmen. Snacks sind keine gesunde Gewohnheit, und sie überlasten den Verdauungstrakt nur.

6. Waschen und schälen Sie Obst und Gemüse. Wir leben in einer Zeit, in der biologisch angebaute Pro-

dukte selten sind. Giftige Rückstände von chemischen Sprays und Insektiziden können noch an der Oberfläche von Obst und Gemüse haften. Waschen und schälen ist daher unerlässlich.

7. Am wichtigsten ist: Essen Sie zu festen Zeiten. Essen Sie nur, wenn Sie hungrig sind. Essen Sie nicht nach der Uhr. Wenn Sie keinen Hunger haben, dann tun Sie gut daran, eine Mahlzeit auszulassen.

8. Trinken Sie den ganzen Tag über viel. Kaffee, Tee und Erfrischungsgetränke sollte man meiden. Experten sagen, dass alle Flüssigkeiten außer Wasser „entweder eine Speise oder Gift sind".

Essen Sie um zu leben!
Derjenige, der lebt, um zu essen, ist ein Sünder; derjenige der isst, um zu leben, ist ein Heiliger. Wir sollten weder vom Essen besessen sein, noch sollten wir uns nach einer bestimmten Speise verzehren. Vielmehr sollten wir die richtige Nahrung wählen, die es uns ermöglicht, körperlich, geistig und seelisch bei guter Gesundheit zu bleiben.

Die alten Hindus betrachteten jegliches Essen als *prasadam* – als ein Geschenk Gottes. Deswegen nahmen sie ihre Mahlzeiten im Sinne demütiger Anerkennung und Dankbarkeit ein.

Weise Männer sagen uns:

- Nehmen Sie Essen nicht von jedem Beliebigen an. Essen Sie nur das Essen, das von bekannten Händen angeboten wird.
- Essen Sie nicht, wenn Sie müde, wütend oder

emotional durcheinander sind.

- Essen Sie das richtige Essen zur richtigen Zeit in der richtigen Menge.
- Essen Sie mit den richtigen Gedanken. Unglückliche, negative Gedanken werden Ihr Essen in Gift verwandeln.

Heutzutage schützen sich alle Länder an den Grenzübergängen. Wenn Sie in ein fremdes Land fliegen oder seine Grenzen auf dem Landweg überqueren, werden Sie strengen Grenzbeamten begegnen, die Ihre Papiere genau überprüfen und Sie gründlich und umfangreich durchsuchen, bevor Sie einreisen dürfen.

Auch Ihr Körper ist ein Land. Sie müssen seine innere Sicherheit schützen. Deswegen kontrollieren Sie Ihre Zunge. Überwachen Sie genau, welchen Nahrungsmitteln Sie den Zutritt in Ihren Körper erlauben. Weisen Sie Essen, das Ihnen schadet, zurück. Nehmen Sie *sattvisches* Essen, das gut für Sie ist.

Finden Sie es schwer, zu glauben, dass die Ernährung Ihren Körper, Ihren Geist und Ihre Seele beeinflusst? Dann würde ich vorschlagen, dass Sie einen nahegelegenen Zoo besuchen und einen Blick auf die Tiere dort werfen. Sie werden sehen, dass alle fleischfressenden Tiere in Käfige eingesperrt sind. Sie scheinen ruhelos, laufen ständig auf und ab. Ihre Exkremente stinken faulig, denn die Ernährung aus Fleisch erzeugt einige Giftstoffe. Ruhelosigkeit des Geistes wird von der Ernährung herbeigeführt.

Schauen Sie die Pflanzenfresser an. Sie werden sehen, dass sie sanft, gemächlich und dennoch stark sind. Die Kuh ist das mildeste und gemächlichste Tier. Und wie Sie vielleicht wissen, reinigen in Indien die Dörfler den Boden vor ihren Hütten mit Kuhdung. Muss ich noch mehr über den Wert *sattvischer* Nahrung sagen?

Viele Menschen sagen, dass Gott die Tiere erschaffen hat, um den Menschen Essen zu geben. Wenn das tatsächlich so wäre, warum sollten Tiere dann vor Schmerzen brüllen und jaulen, wenn sie geschlachtet werden? Vielleicht werden Sie einwenden, sie haben die Schriften nicht gelesen.

Ein heiliger Mann den ich kenne, sagt seinen Schülern, die trotzdem Fleisch essen wollen: „Na gut! Aber kauft das Fleisch nicht. Tötet das Tier selbst und esst es." Viele von uns essen weiterhin Fleisch, weil jemand anderes das Töten und Blutvergießen übernimmt und das Fleisch schön zubereitet an Ihren Tisch kommt.

ENTGIFTEN SIE IHREN KÖRPER!

Die Umgebung in der wir heute leben, ist weit davon entfernt, gesund zu sein. Viele sprechen von einer „giftigen Welt". Die Luft ist verschmutzt, das Wasser ist mit chemischen Abfällen belastet, selbst das Essen, das wir zu uns nehmen, ist mit Pestiziden kontaminiert. Mehr Menschen als je zuvor sind giftigen Überbelastungen ausgesetzt, die ernsthaften Stress in Geist und Körper verursachen.

Unser System muss gesäubert und gereinigt werden, um diesem Angriff standzuhalten und die natürliche Balance des Körpers wiederherzustellen. Hier sind einige Ratschläge, um unseren Körper zu entgiften:

- Vermeiden Sie Junkfood!
- Reduzieren Sie Ihren Kaffee- und Teekonsum!
- Sagen Sie „Nein!" zu Tabak und Alkohol – und „Niemals!" zu Drogen!
- Legen Sie kurze Fastenzeiten ein!
- Vermeiden Sie zusätzlichen Zucker!
- Schalten Sie Ihren Fernseher – und Ihr Handy – gelegentlich ab!
- Negative Gedanken wirken wie Gifte in Ihrem Geist – schalten Sie sie ab!
- Verbrennen Sie die Wut, bevor die Wut Sie verbrennt!
- Füllen Sie Ihr Heim mit Pflanzen! Sie erhöhen den Sauerstoff in der Luft und verbessern die

Feuchtigkeit. Es ist wohltuend und erholsam in Räumen zu sein, die mit Pflanzen gefüllt sind.

- Vermeiden Sie synthetische Kleidung und tragen Sie stattdessen Naturfasern!
- Vermeiden Sie die Gesellschaft von negativen Menschen!
- Verbringen Sie täglich etwas Zeit in Stille!
- Vermeiden Sie es, zu viele Kosmetika zu verwenden!
- Entwickeln Sie eine neue, positive Perspektive für Ihr Leben!

Heutzutage haben wir eine verwirrende Vielzahl von Wahlmöglichkeiten, wenn wir medizinische Hilfe brauchen. Die Zeiten, in denen Allopathie das einzige medizinische System war, sind vorüber. In der westlichen Welt ist „alternative Medizin" der modische Name für etwas, was dort neu ist – ganz anders als bei uns in Indien. Ayurveda, *siddha* und Naturheilkunde erfreuen sich überall immer höherer Akzeptanz. Den Menschen widerstreben Pillen, Wunderheilmittel und Antibiotika. *Reiki*, *Pranaheilung* und Akupressur sind hochbegehrt.

Was, wenn all die „pathien" – Allopathie, Homöopathie und Naturopathie – versagen und Ihnen die benötigte Abhilfe und das Wohlbefinden nicht geben können? Ich spreche in diesem Zusammenhang nicht von lebensbedrohlichen Krankheiten, sehr wohl aber von chronischen Beschwerden wie Migräne, Schwindelgefühl und von Allergien, mit denen so viele von uns zu leben gelernt haben.

So viele medizinische Systeme, die wir kennen, sehen den Einsatz von Medikamenten vor. Die Werbung regt uns an, zu dieser oder jener Pille, einem säurebindenden Mittel oder einem Schmerzmittel zu greifen, um sofortige Linderung zu erfahren. Sie mögen eine vorübergehende Erleichterung unserer Symptome bewirken, aber keine langfristige Heilung.

In den guten alten Zeiten hatten wir Familien- oder Hausärzte, die ihre „Patienten" und deren Familie gut kannten. Sie heilten uns oft mit ein paar einfachen Medikamenten. Aber in der Zeit der „modernen" Medizin sind wir gezwungen, durch eine komplizierte Reihe von Tests und Eingriffen zu gehen – das ist zeitaufwendig und ungeheuer teuer! Voltaire sagte: „Ärzte schütten Medikamente, von denen sie wenig wissen, zur Heilung von Krankheiten, von denen sie noch weniger wissen, in Menschen, von denen sie gar nichts wissen."

Ich kann Ihnen eine Verordnung anbieten, wenn Sie sie mir erlauben! Wenden Sie sich *nama*, dem göttlichen Namen, zu, und Sie werden wundersame Heilung finden! Unsere *Rishis* und Weisen haben immer wieder bestätigt: Der Name Gottes ist das Elixier des Lebens, er ist das beste Heilmittel gegen alle Leiden, er ist die höchste und stärkste „Pepp"-Pille, die Sie aus Depression und Erschöpfung hinaushebt, er ist das lebenswichtige Stärkungsmittel, das Sie wieder dem Leben gewachsen sein lässt.

Sie können diese wundersame Kraft für sich einsetzen, wie auch für diejenigen, die Ihnen nahe stehen. Wenn Sie das nächste Mal bei einem geliebten Menschen sind, der leidet, setzen Sie sich an sein Bett und wiederholen Sie den Namen des Allmächtigen mit Frömmigkeit und Hingabe. Die Veden haben besondere Gebete, wie das *Maha Mritunjaya mantra*, das nachgewiesene Heilungskräfte gegen die unheilbarsten aller Krankheiten hat. Sagen Sie das Mantra oder das *nama* mit tiefstem und vollkommenem Glauben, und lassen Sie ihn Ihren persönlichen Heiler werden!

Rachel Naomi Remen hat beobachtet: „Heilung ist kein Mechanismus, sondern eine Arbeit des Geistes." Stilles Gebet, Rezitieren eines Mantras oder sogar eines *nama japa* (Gebet des Namens), das alles sind wundervolle Methoden, die göttliche Kraft anzuflehen, auf dass sie Sie in Ihrem Heilungsprozess unterstützt.

Wenn wir alles, was es über das körperliche und geistige Wohl zu sagen gibt, ausgesprochen haben, dann müssen wir den Glauben als die größte Heilungskraft anerkennen. Wir wecken diese Heilungskraft in uns, wenn wir mit Seiner Gegenwart im Einklang sind. Vor allem wendet es uns Gott zu und festigt uns nachdrücklich auf dem spirituellen Weg.

Nama japa bringt uns mit der höchsten Heilungskraft in Berührung, denn der Herr ist die Quelle aller Kräfte. Seine Kraft kann uns stärken, wenn wir schwach sind, uns beleben wenn wir niedergeschlagen sind, uns Kraft geben, wenn wir erschöpft sind, und uns heilen, wenn wir krank sind. Alles Beste in der Welt, alles Reine und Ganze und Lebensspendende und –fördernde – all diese positiven Energien entspringen Ihm und nur Ihm allein.

Gott ist vollkommen. Er kennt keine Krankheit. Wir kommen von Ihm, wir sind Seine Kinder. Er hat uns vollkommen, rein und makellos geschaffen. Wenn wir vollkommen, rein, makellos und gesund bleiben wollen, dann lassen Sie uns bei Ihm bleiben – frei von Angst und Leiden. *Nama japa* ermöglicht es uns, in Seiner göttlichen Anwesenheit zu leben, im Einklang mit der Harmonie des Universums. Indem wir mit Ihm in ständiger Verbindung bleiben, wachsen wir körperlich, geistig und spirituell.

Nehmen Sie irgendein Gerät in Ihrem Haus – vom einfachen Toaster bis zur anspruchsvollen Musikanlage –: Kann irgendeines davon funktionieren, wenn es nicht an die Stromquelle angeschlossen ist?

Gott ist die höchste Quelle in Ihrem Leben. Sorgen Sie dafür, dass der Kreis zwischen Ihm und Ihnen niemals unterbrochen ist. Bleiben Sie mit Gott durch die Heilungskraft Seines Namens verbunden!

ERSTES POSITIVES GEHEIMNIS:
ALTERN FINDET IM KOPF STATT

Vor einiger Zeit war ich in Bangalore, um vor einer Versammlung von Geschäftsführern zu reden. Unter den Anwesenden befand sich ein Arzt. Nachdem das Treffen vorüber war, kam er zu mir und fragte sehr höflich: „Darf ich Ihnen eine persönliche Frage stellen?" Ich antwortete ihm: „Fühlen Sie sich frei, zu fragen, was auch immer Sie wollen!" Er räusperte sich und sagte: „Wären Sie so freundlich, mir Ihr Alter zu verraten?" Ich lächelte und sagte: „Können Sie schätzen? Können Sie mein Alter schätzen?"

Er dachte für einen Moment nach und musterte mich von Kopf bis Fuß. Dann sagte er: „Vielleicht bin ich nicht sehr präzise, aber ich bin sicher, dass sie nicht älter als siebzig Jahre sein können." Jemand, der bei mir stand, sagte ihm: „Dada wird bald 84!"

Der gute Arzt war sprachlos. „Das kann ich nicht glauben!", rief er aus. „Dann sind wir ja schon zwei", sagte ich ihm. „Ich kann es auch nicht glauben."

Sie sind so alt oder jung, wie Sie selbst zu sein glauben. Jugend ist keine Sache von Alter oder Jahren; Jugend ist ein Zustand des Geistes. Wenn Ihr Geist weiterhin frisch bleibt, wenn Ihr Geist immer offen bleibt, wenn Ihr Geist stets empfänglich für neue Ideen ist, wenn Sie immer bereit sind für neue Experimente im großen Labor des Lebens, dann werden Sie ewig jung bleiben.

Jugend ist keine Frage des Alters, Jugend ist keine Frage von Jahren, Jugend ist ein Geisteszustand. Halten Sie Ihren Geist frisch! Halten Sie Ihren Geist offen! Halten Sie Ihren Geist neuen Ideen gegenüber aufgeschlossen! Ich habe eine Freundin in den USA, die neulich ihren 90. Geburtstag feierte. Sie schrieb mir in einem Brief: „Ich werde meinen 90. Geburtstag feiern, und ich freue mich auf das Altsein!

Was sie ausdrücken wollte, war folgendes: Sie dachte immer, dass das Altsein noch zehn Jahre von ihr entfernt war. Sie schrieb: „Als ich achtzig war, dachte ich, mit neunzig wäre ich alt; jetzt denke ich, ich bin mit neunzig alt!" Ihre Worte erinnerten mich an diese schönen Zeilen aus einem Gedicht von Robert Browning:

„Werde mit mir alt;

Das Beste kommt erst noch!"

Ich habe von einer anderen amerikanischen Dame gelesen, die als reizende, charmante, stets optimistisch bleibende Person beschrieben wird. Auch mit ihren 94 Jahren bleibt sie immer freundlich, gutgelaunt und voller Lebensfreude. Sie wurde gefragt: „Was ist das Geheimnis Ihres Lebens?" Sie antwortete: „Das Geheimnis ist ein ganz einfaches. Es ist meine Begeisterung für das Leben. Und weil ich positiv denke, bin ich lebensbejahend!"

Sie hielt einen Moment inne und fügte dann hinzu: „Natürlich verdanke ich viel von meiner positiven Einstellung meinen Geliebten!" „Ihren Geliebten?" Ihre Zuhörer starrten sie ungläubig an. „Sie haben noch Geliebte in diesem Alter? „Aber selbstverständlich!" antwortete sie fröhlich. „Sie sind meine ständigen, treuen Begleiter bis zum heutigen Tag!" „Erzählen Sie uns mehr von ihnen", baten ihre Freunde. „Ich stehe jeden Morgen mit Hilfe meines ersten Freundes auf. Er heißt Willen S. Kraft. Ich gehe spazieren mit meinem zweiten Freund Arth Ritis. Arth Ritis ist mein ständiger Begleiter seit dreißig Jahren. Meine Abende verbringe ich mit Ben Gay – er hat so eine wohltuende Ausstrahlung!"

Diese Frau war jung in ihrem Geist! Sie war eine Frau von unglaublicher Willensstärke. Sie litt an Arthritis, was schmerzhaft und lähmend sein kann, aber sie hatte gelernt, das Gebrechen als einen normalen Begleiter zu sehen; und auch die schmerzstillende Salbe Bengay, die in den USA weit verbreitet ist, ist zu ihrem heilenden, tröstenden Freund geworden. Können wir anders, als ihre Lebenseinstellung zu bewundern? Die Einstellung ist es, die zählt. Und so ist sie weiterhin jung, selbst mit 94!

Es gibt da ein altes Lied, das heißt: „Wir wünschen dir einen schönen Nicht-Geburtstag!" Es sagt uns, dass jeder nur einen Geburtstag im Jahr haben kann, während die anderen 364 Tage alle Nicht-Geburtstage sind. Wieso feiern wir also nicht lieber diese Nicht-Geburtstage als die Geburtstage? Dem weisen Mann ist jeder Tag ein Festtag, heißt es. Wenn es Ihnen nur gelingt, Ihren Geist zu beherrschen, ihn frisch, offen und immer empfänglich für neue Ideen zu halten, dann können Sie Ihr ganzes Leben lang jung bleiben.

Es gibt Menschen, die mich fragen: „Woher bekommen Sie die Energie, so hart zu arbeiten? Wie schaffen

Sie es, in Ihrem Alter so weit zu reisen? Woher kommt all die Energie?"

Meine Antwort ist immer die gleiche. „Meine Freunde, die Energie ist nicht meine eigene. Es ist die Energie Gottes, der mich geschaffen hat und mich jeden Tag wieder erschafft. Alles, was ich tue, ist, meinen Geist für diese Energie offen und empfänglich zu halten. Jeder von Ihnen kann das auch. Halten Sie Ihren Geist offen und empfänglich für die Energie, die von Gott her strömt, und Sie werden Ihr Leben lang jung bleiben!"

Im Großen und Ganzen ist unsere Einstellung zum hohen Alter eher negativ. Früher war das auf die westlichen Länder begrenzt, aber jetzt verbreitet es sich überall hin. Wir sehen das Alter als eine Reihe von Verlusten an – wie Shakespeare es ausdrückte: „... ohne Augen, ohne Zahn, Geschmack und alles." Es wird wie eine Talfahrt angesehen, die kopfüber ins Nichts führt. Die Werbung lässt uns das Alter mit grauen Haaren, Falten, gebücktem Gang, langsamen Bewegungen und langsameren Reflexen verbinden. Sie macht uns glauben, dass das Alter etwas von uns nimmt.

Wären wir nur Körper, dann wäre diese Art des Abstiegs korrekt. Aber wie wir gesehen haben, sind wir nicht nur der Körper, in dem wir stecken!

Es gibt eine Geschichte über einen hart arbeitenden Mann, der starb und in den Himmel kam. Als er seinem Herren gegenüber stand, fragte er ihn gerade heraus:

„Herr, wieso altern die Menschen? Warum nimmst du uns unsere körperlichen Talente eines nach dem anderen weg – unsere Stärke, unsere Ausdauer, unsere Geschwindigkeit, unsere Beweglichkeit –, bis wir in einem gebrechlichen und verfallenden Körper zurückbleiben?"

Und der Herr antwortete: „Mein liebes Kind, Altern ist kein Fluch – es ist ein Geschenk, das ich euch beschert habe, damit ihr reif und weise und euch darüber klar werdet, dass ihr nicht der Körper seid, dass ihr nicht dieser Welt angehört, sondern mir, eurem himmlischen Vater."

Die Aussage dieser Geschichte ist wirklich schön! Das Sprichwort sagt: „Was ich gab, erreichte ich; was ich verlor, gewann ich." Wir verlieren die Kindheit, um die Jugend zu gewinnen. Wir verlieren die Jugend, um das Erwachsensein zu erhalten. Zu jedem Zeitpunkt des Lebens verlieren wir, um zu gewinnen.

Altern mag uns körperliche Fähigkeiten und Energie entziehen. Aber das Altern ist eine Phase, in der wir spirituell wachsen. In uns wachsen Reife, Wissen, Erkenntnis, Geduld und Toleranz. Der Verlust ist körperlich, aber der Gewinn ist spirituell. Muss ich Ihnen sagen, was mehr zählt?

Fachleute sagen, dass der unwiderrufliche Alterungsprozess, z.B. der Verlust von hochwichtigen Zellen, der allmählich zu körperlichen Schwäche führt, im Alter von 25 beginnt! Es liegt in der Natur aller Dinge, sich mit der Zeit zu verändern. Holz, Felsen, Gestein, Erde – was auch immer, es zerfällt mit der Zeit. Gleiches tut der Körper. Aber was für den Körper Altern ist, das kann für den Geist Reifen und für die Seele spirituelle Entfaltung sein. Wenn Sie daran glauben, im Wesentlichen eine Seele zu sein, dann sollte Sie das Altern nicht stören.

ZWEITES POSITIVES GEHEIMNIS: LEGEN SIE IHR LEBEN IN DIE HAND GOTTES

Eine der ersten Lektionen, die mein geliebter Meister Sadhu Vaswani mir erteilte, war: „Leg dein Leben in Gottes Hand. Wende dich einem Leben in kindlichem Glauben an den Herrn zu."

Lassen Sie mich die Worte „kindlicher Glauben" verdeutlichen. In Indien sprechen die Leute jeden Tag ein schönes Gebet, in dem Gott wie ein Elternteil und noch viel mehr angesprochen wird:

Twameva mata cha pita twameva
Twameva bandhu sakha twameva

Es bedeutet: Du bist meine Mutter, du bist mein Vater, du bist mein Bruder und auch mein Freund …

Ich weiß, dass Millionen von Christen auf der ganzen Welt ein Gebet sprechen, das Jesus ihnen vorgab und das folgendermaßen beginnt:

Vater unser im Himmel, geheiligt werde Dein Name. Dein Reich komme …

Das Gebet des Sikh-Gurus ist ähnlich: *Tu mata pita ham balak tere* … Du bist uns Vater und Mutter, wir sind Deine Kinder.

Ich betone diesen kindlichen Glauben, denn ich möchte, dass sich jeder von Ihnen immer daran erinnert, dass wir Gottes Kinder sind. Sie wissen es gewiss, aber verhalten Sie sich im täglichen Leben so, als wären Sie Kinder Gottes? Haben Sie jemals ein Kind gesehen, das im Schatten von Angst oder Sorge oder

Beklemmung lebt? Niemals! Ein Kind ist sorgenfrei; es weiß, dass seine Mutter in der Nähe ist und es nichts zu fürchten hat. Ein Kind trägt nicht die Last von Sorge und Angst auf seinem Herzen.

Bieten Sie einem Kind etwas Essen oder in Glas Milch an. Wird es einen Teil davon zurücklegen, um es später zu essen, wenn es hungrig ist? Niemals! Das Kind vertraut bedingungslos darauf, dass ihm Essen gegeben wird, wann immer es hungrig ist, und dass seine Mutter nicht vergessen wird, es zur rechten Zeit zu sättigen. So ist es, wie ein Kind zu leben: sorgenfrei! Das Kind lebt ohne Bürde, denn seine Last trägt seine Mutter.

Liebe Freunde, ich muss Ihnen nicht sagen, dass Ihre Last, meine Last und letztendlich alle Lasten des Universums, des Sonnensystems und der weitentfernten Galaxien von Gott getragen werden. Wie dumm also von uns, unsere Lasten auf unseren schwachen Schultern zu tragen – wie der Hinterwäldler, der mit seinem Gepäck auf dem Kopf reiste, damit ihm die Bahn nicht die überzähligen Taschen in Rechnung stellte!

Der himmlische Vater / die himmlische Mutter ist immer an unserer Seite. Alles, was wir tun müssen, ist, uns Ihm/Ihr zuzuwenden und Ihm/Ihr alle unsere Probleme zu übergeben. Er/Sie wird sich um den Rest kümmern.

Das Gebet ist der schnellste und sicherste Weg, um eine Verbindung mit Gott zu aufzubauen. Es säubert Ihre Gedanken, reinigt Ihren Geist und erhöht Ihr Bewusstsein. Es befähigt Sie, direkt mit Gott zu sprechen – und das viel wirkungsvoller, als Sie es mit Menschen können. Denn Sie können sicher sein, dass Gott jedem Wort, das Sie sagen, bedächtig zuhört!

Ihr Herz Gott zu öffnen, ist die wirkungsvollste Form des Gebets. Ich dränge meine Freunde stets, niemals ihr „tägliches Treffen mit Gott", wie ich es nenne, zu vergessen – ein kurzes einfaches Gebet, wenn Sie aufstehen, und ein ruhiges nachdenkliches Gebet, bevor Sie nachts einschlafen. Sie können Gebete aus den Schriften sprechen; oder Sie können Ihre eigenen Worte benutzen, wenn Sie beten. Die Sprache des Herzens ist die beste für jedes Gebet!

Der indische Mystiker Kabir sagt uns:

„Jeder betet zu Gott in Schmerzen – aber wenn die Schmerzen gehen, vergessen die Leute Gott. Wenn Sie bei guter Gesundheit und Glück beten, dann werden die Schmerzen niemals zu Ihnen kommen."

In anderen Worten: Warten Sie nicht, bis Sie krank werden, bis Sie Gott um Wohlbefinden bitten.

Sie sind nicht allein – Gott ist bei Ihnen!
Dies ist das magische Mantra, das wir uns ständig vorsagen müssen. Woran auch immer Sie glauben, welche Überzeugung sie auch immer haben, Sie müssen die Anwesenheit Gottes in sich erkennen. Und Sie müssen sich nach Innen wenden und mit dieser göttlichen Gegenwart in Ihnen Kontakt aufnehmen. Diese Verbindung ist unerlässlich für unser Glück und Wohlbefinden. Einige von uns suchen diese Verbindung im Tempel, in der Kirche oder der Moschee. Andere suchen sie im stillen Gebet. Wo immer und

wann immer es geschehen mag, diese Vereinigung mit Gott ist notwendig, um unsere spirituellen Batterien wieder aufzuladen und uns fit zu halten, damit wir der Zukunft entgegensehen können.

Ein Augenblick des lebendigen Kontakts mit Gott kann Ihnen Erfolg, Trost, Gnade, Segen bringen – was immer Sie suchen. Ärzte erzählen, dass das kurze Gebet „O Gott, ich behandle – aber Dein ist die Heilung!" ihnen hilft, sich mit Gott zu verbinden und das Richtige für ihre Patienten zu tun. Patienten legen ihr Leben in vollkommener Hingabe in Gottes Hand – und finden sich auf wundersame Weise geheilt. Ob Ärzte oder Patienten, wir alle müssen erkennen, dass das Leben selbst eine Form des Gebets ist und dass wir niemals allein sein müssen – wenn uns nur bewusster wird, dass Gott immer mit uns ist, dass er in uns ist, uns mit Seiner Liebe und Barmherzigkeit behütet und beschützt.

Ich besuchte einmal einen Zahnarzt in Bangalore. An der Wand seines Sprechzimmers fand ich folgende Inschrift: „Der Arzt behandelt. Gott ist es, der heilt."

Ich fragte ihn: „Kann ich eine kleine Änderung vornehmen?" Der Doktor, ein wundervoller Mensch, forderte mich bereitwillig auf, es zu tun.

Ich sagte zu ihm: „Der Arzt erfleht. Gott ist es, der heilt." Schon am nächsten Tag fand ich die geänderte Inschrift: „Der Arzt erfleht. Gott ist es, der heilt!"

DRITTES POSITIVES GEHEIMNIS: TREFFEN SIE DIE RICHTIGE WAHL

Das Geschenk des menschlichen Lebens ist der größte Segen, den Gott uns gegeben hat. Der Anbruch jedes neuen Tages bestätigt dieses begehrte Geschenk. Ich sage oft: Ein neuer Tag ist Gottes Vertrauensbeweis in uns – er zeigt uns damit, dass Er immer noch darauf vertraut, dass wir den Zweck, zu dem Er uns auf diese Erde gesandt hat, erfüllen werden!

Zu Beginn eines jeden neuen Tages müssen wir eine Wahl treffen: Wir können wählen, an diesem Tag glücklich, gesund, hilfsbereit und aktiv zu sein. Oder wir können wählen, träge, niedergeschlagen, unglücklich, eigennützig und erfolglos zu sein.

Während der Tag fortschreitet, treffen wir eine Reihe von Entscheidungen. Wir können wählen, was uns gefällt! Wenn wir die richtige Entscheidung treffen, gewinnen wir an Gesundheit, Glück und Lebensfreude. Wenn wir die falsche Entscheidung treffen, leiden wir an Krankheit, Energieverlust, dem Schwund von Lebensfreude, Kreativität und Begeisterung. Was werden Sie wählen?

Wenn Sie die richtige Entscheidung treffen, dann dürfen Sie das Geschenk eines langen, glücklichen, gesunden Lebens genießen.

a. Wählen Sie Gottes Liebe
Entscheiden Sie sich, Gottes Liebe für sich anzuneh-

men. Er will, dass Sie das Leben voll und ganz leben – und dass Sie nicht nur existieren! Nehmen Sie Seine grenzenlose Liebe an, und Sie werden entdecken, wie jene Kraft und Lebensfreude und positive Schwingungen in Sie strömen. Beginnen Sie den Tag mit Gott! Und eine gute Art, den Tag zu beginnen, ist, einige Male zu beteuern: Ich liebe Dich, Gott! Ich liebe Dich, Gott! Ich liebe Dich, Gott!

Ein inspirierter Dichter sagte einmal: „Wir bekommen nur, was wir geben." Wenn wir Gott unsere Liebe zeigen, erhalten wir Seine unbegrenzte Liebe im Gegenzug. Wenn wir Ihm uns selbst und unser Leben anbieten, segnet Er unser Leben und macht es schön!

b. Wählen Sie Gesundheit

Gesundheit ist keine Selbstverständlichkeit. Sie ist vielmehr Ergebnis einer Wahl, die Sie treffen müssen! Morgan Scott Peck bezeichnet die gute Gesundheit als Reise, nicht als Ziel. Der Titel seines großen Bestsellers *Der wunderbare Weg* (Originaltitel: *The Road Less Traveled*), stammt aus einem bezaubernden Gedicht von Robert Frost:

„Zwei Waldeswege trennten sich,
Ich ging und wählte den stilleren für mich,
Und das hat all mein Leben umgedreht."

Gesundheit ist eine Reise, die erfolgreich beginnt und weitergeht, wenn wir auf dem richtigen Weg reisen und all das wählen, was unser Wohlbefinden sichert und unsere Lebendigkeit verstärkt.

c. Wählen Sie die richtige Ernährung

Über Dr. Gutekost ist genug gesagt worden. Lassen Sie mich hier nur noch hinzufügen, dass wir uns entscheiden sollten, richtig zu essen – und das auch aus den richtigen Gründen.

Wir dürfen nicht wegen der Konsistenz, wegen des Geschmacks oder der Gaumenfreude essen. Wir müssen die Nahrung nach ihrem Nährwert und dem Nutzen, den sie uns beschert, auswählen. Natürlich müssen Speisen schmackhaft und wohltuend sein. Aber das ist nicht ihre eigentliche Aufgabe. Wir essen, um zu leben, wir leben nicht, um zu essen. Deswegen müssen wir die Nahrung auswählen, die das Leben und die Lebendigkeit bereichert.

Eine alte Geschichte erzählt uns, dass der Gott der Nahrung vor die Göttliche Gegenwart trat. Er war angeschlagen, entkräftet und sehr bekümmert. „Ich verkrafte es nicht mehr", beklagte er sich. „Die Leute beleidigen mich und nutzen mich aus. Sie haben keinen Respekt vor mir – weder Pietät, noch die Erkenntnis, dass ich Dein *prasadam* für die Menschheit bin! Jeder schwelgt im Übermaß. Noch nie wurde eine andere deiner Gaben derart missbraucht!"

Der Herr lächelte und sagte ihm: „Jene, die dich missbrauchen und im Exzess schwelgen, zerstören sich selbst."

Jede Wahl der Nahrung führt Konsequenzen mit sich. Fast Food füllt Sie ab, aber es wird weder Ihre Gesundheit noch Ihre Lebenskraft erhalten. Fertigessen aus Tütchen oder Schachteln wird Sie mit Chemikalien und Zusatzstoffen versorgen, aber kaum mit

Nährstoffen oder gutem Geschmack. „Lebendige" Lebensmittel – frisches, natürliches Obst und Gemüse – geben Ihrem Leben Freude und Elan. „Tote" Lebensmittel machen aus Ihrem Magen nur einen Friedhof für kranke Kadaver. Wenn Sie die richtige Nahrung aussuchen, sparen Sie eine Menge Geld. Fragen Sie sich, was teurer ist: eine Banane oder eine Tüte Pommes Frites? Ein Bündel Tomaten oder eine Tafel Schokolade? Eine Mahlzeit aus Salat und Suppe oder eine Pizza?

d. Wählen Sie eine gesunde Umgebung
Es liegt an Ihnen, sich eine für Geist und Körper gesunde Umgebung zu gestalten.

Lassen Sie frische Luft und Licht in ihre Häuser fließen. Schließen Sie sich nicht in klimatisierte oder zentral geheizte Käfige ein. Wenn Sie gezwungen sind, in einer solchen Umgebung zu arbeiten, dann sorgen Sie durch tägliche Spaziergänge im Freien für so viel Luft und Sonnenlicht, wie möglich. Wählen Sie eine gesunde Umgebung, indem Sie Sorgen, Ängste und negative Gedanken aus Ihrem Leben verbannen. Wählen Sie Optimismus, positive Gedanken, Frieden und Freunde.

e. Wählen Sie die richtigen Freunde
Wir alle kennen das alte Sprichwort: Zeige mir deine Freunde, und ich sage dir, wer du bist. Die „Richtigen" sind nicht diejenigen, die uns immer zustimmen. Die „Richtigen" sind nicht diejenigen, die uns zu schlechten Gewohnheiten verleiten. Und es sind auch nicht immer diejenigen, die lustig sind.

Die „Richtigen" sind offenherzig und aufrichtig und scheuen nicht davor zurück, uns zu bremsen, wenn wir etwas falsch machen. Es sind loyale, mutige Menschen, die bei Ihnen bleiben, auch wenn es gerade schlecht für Sie läuft. Es sind Menschen, die Ihnen moralische Unterstützung geben und Ihnen zu Selbstbewusstsein verhelfen!

Wir können und wir müssen die richtige Wahl treffen. Gott hat uns die Macht und die Weisheit gegeben, das zu tun. Genauso haben wir die Wahl, auf alles, was uns widerfährt, positiv oder negativ zu reagieren.

Wir haben die Wahl!

VIERTES POSITIVES GEHEIMNIS:
ACHTEN SIE AUF IHRE GEDANKEN

Wenn es etwas gibt, zu dem ich meine Freunde stets dränge, dann dazu: Achtet auf eure Gedanken.

Achten Sie auf Ihre Gedanken! Denn die Gedanken üben Macht auf Ihren Körper aus, Gedanken beeinflussen den Körper, Gedanken haben einen fast unmittelbaren Einfluss, vor allem auf die Körperdrüsen. Deswegen sagen wir auch, dass uns schon beim Gedanken an einen köstlichen Nachtisch oder unser Lieblingsgericht das Wasser im Mund zusammenläuft – in diesem Fall werden die Speicheldrüsen durch den bloßen Gedanken aktiviert.

Ich wiederhole, Gedanken beeinflussen unseren Körper, seien Sie sich deswegen Ihrer Gedanken bewusst! Unsere Köpfe sind heutzutage voll mit falschen, negativen Gedanken. Wir erlauben es unserem Geist, vollgefüllt zu sein mit Gedanken an Krankheit, Schmerz, Leiden, mit Gedanken der Wut, des Stolzes, der Begierde, der Gier, des Hasses und der Feindseligkeit, der Missgunst, des Neides und der Eifersucht. Wie können wir erwarten, dass wir glücklich sind, wenn uns solche Gedanken Herz und Verstand verdunkeln?

Ein gesunder Geist in einem gesunden Körper: der Spruch ist fast schon zu einem Klischee geworden. Aber wie so viele Klischees erinnert er uns an eine vernachlässigte Wahrheit: Man kommt nicht in den

Genuss körperlichen Wohlbefindens ohne geistiges Wohlbefinden. Nahrhaftes Essen, frische Luft, regelmäßige Bewegung, gute Gewohnheiten, eine saubere Umwelt und ein nüchterner Lebensstil sind wichtig für unser Wohlbefinden; aber die richtige Einstellung, die richtige Gemütsverfassung und das richtige Denken sind unentbehrlich. Denn der Mensch ist nicht nur ein Körper; er ist eine Verbindung aus Körper, Geist, Intellekt und Seele.

Große Denker und Philosophen aller Zeitalter waren sich in vielen Punkten uneins, aber sie haben alle in einem Punkt übereingestimmt: Wir werden, was wir denken.

Emerson sagte: „Ein Mann ist das, was er den ganzen Tag lang denkt." Die Bibel sagt uns: „Wie der Mensch in seinem Herzen denkt, so ist er." Marc Aurel, der große römische Denker, drückt es folgendermaßen aus: „Eines Mannes Leben ist das, was seine Gedanken daraus machen."

Ich habe einige Menschen getroffen, die ihre Leiden und Gebrechen geradezu als Visitenkarte vor sich her tragen. Sie stellen ihre Erkrankungen zur Schau, als handelte es sich um einen Orden. Die höfliche Begrüßung „Wie geht es dir?" reicht aus, um sie in eine Litanei ihrer zahllosen körperlichen Leiden fallen zu lassen.

Ein solches Verhalten wirkt wie ein Widerstand gegen die uns innewohnenden Heilungskräfte. Wenn wir uns in unserem Elend und Schmerz suhlen, dann klammern wir uns nur daran fest. Solche Menschen konzentrieren sich ständig auf Disharmonie und Leiden.

In seinem inspirierenden Buch *Mit Absicht. Den eigenen Lebensplan erkennen und verwirklichen* sagt uns Wayne W. Dyer, ein Bestsellerautor, dass wir, wenn wir gesund sein wollen, aufhören müssen, uns als materiellen Körper zu sehen, und in die Vorstellung eines absoluten Wohlgefühls eintauchen müssen. Er schreibt: „Sie atmen nur Wohlsein, Sie denken nur perfekte Gesundheit und Sie lösen sich von allen Erscheinungsformen der Krankheit dieser Welt." Dies wird eine energiegeladene Aura von Ganzsein hervorrufen, die Ihr Sein durchfließen und Ihre Gedanken antreiben wird, bis Sie nichts anderes als Wohlsein und Vollständigkeit fühlen und atmen und geben.

Wir müssen uns immer der negativen Gedanken und negativen Energien bewusst sein, die den natürlichen Fluss der positiven Energien in unserem Leben beeinflussen. Dieser Widerstand befindet sich in unseren Gedanken. Jeder von Zweifel, Angst oder Sorge getragene Gedanke ist ein Gedanke, der der Heilung entgegenwirkt. Diese Gedanken müssen bewusst beiseitegeschoben werden. Stattdessen müssen positive, optimistische Gedanken aktiviert werden. Solche Gedanken, die energiegeladen und im Einklang mit Ganzsein und Wohlsein sind, werden der Gesundheit erlauben, Ihr Leben zu erfüllen.

Hier sind die Anleitungen, die Wayne Dyer empfiehlt:

- Seien sie dankbar für jeden Atemzug,
- für alle ihre inneren Organe, die harmonisch miteinander arbeiten,

- für die Ganzheit, die ihr Körper ist,
- für das Blut, das durch ihre Adern fließt,
- für den Verstand, der ihnen erlaubt, diese Worte zu verarbeiten und die Augen, die ihnen erlauben sie zu lesen.
- Bleiben sie dankbar!

Kluge Menschen berichten, dass wir durchschnittlich fast 60 000 Gedanken durch unseren Kopf ziehen lassen – jeden Tag. Schade für uns, dass es sich bei den meisten dieser Gedanken um langweilige, ärmliche Gedanken handelt, die wir immer wieder durchwälzen, die meisten negativ und voller Verzweiflung.

Der Geist wird oft mit einem Garten verglichen. Wenn Sie sich um Ihren Garten kümmern, dann nähren Sie ihn sorgsam, Sie hegen und pflegen ihn und bepflanzen ihn mit liebevoller Hingabe, sodass er in Schönheit erstrahlt. Aber wenn Sie ihn vernachlässigen und es zulassen, dass das Unkraut Wurzeln schlägt, dann wird der Garten Ihres Geistes ein unordentlicher, verwahrloster, unaufgeräumter Ort. Gute Gesundheit und Wohlbefinden können in einem solchen Garten nicht wachsen!

Es war einmal ein beliebter, optimistischer Student, der von jedem in der Universität gemocht wurde. Er war ein ausgezeichneter Redner, er gewann viele Rededuelle für die Universität, er war außerdem der Klassenbeste und erhielt akademische Auszeichnungen. Jeder mochte und respektierte den jungen Mann, der ein unscheinbarer Typ auf Krücken war.

Eines Tages fragte ihn ein Klassenkamerad, wie es kam, dass er behindert sei.

„Kinderlähmung", sagte der junge Mann knapp.

„Wie kannst du der Welt trotz einem solchen Schicksal so selbstbewusst gegenübertreten?", bohrte der Freund nach.

„Ach, weißt du, ich habe dem Leiden nicht erlaubt, mein Herz zu treffen", lautete die Antwort des Mannes.

Der Verstand ist ein unendlich wertvolles Geschenk, das Gott uns gemacht hat. Menschen können ein erfolgreiches, befriedigendes Leben ohne Hände, Augen oder Beine führen. Stephen Hawking, der größte lebende Physiker, ist ein aktuelles Beispiel für einen großen Mann, der ein wirkliches Genie ist und der einer ernsthaften körperlichen Versehrtheit nicht erlaubt hat, ihn zu entmutigen oder sein Lesen und Forschen aufzuhalten. Wir können ihn als das perfekte Beispiel eines gesunden Geistes anführen, der die Nachteile eines ungesunden Körpers überwunden und gemeistert hat. Die Umkehrung gibt es jedoch nicht. Ein Mann der seinen Verstand verliert, ist so gut wie tot.

Ein reicher Geschäftsmann wurde zu einem Heiligen gebracht. Der Mann lag auf einer Trage und wurde von einem Arzt und einer Krankenschwester begleitet. Er war der Besitzer mehrerer Unternehmen, in denen Tausende von Menschen beschäftigt waren. Aber er hatte seinen Verstand verloren und keinen Sinn dafür, sich selbst zu helfen. Was nützte diesem Mann sein Vermögen, außer ihm Bedienstete zu verschaffen, die ihm in seiner Hilflosigkeit beistanden?

Guru Nanak Dev wurde von einem Schüler gefragt: „Wie viel ist das menschliche Leben wert?"

Anstatt zu antworten, gab der Heilige ihm einen Diamanten. „Geh damit zum Markt und lass ihn schätzen", forderte der Guru ihn auf. „Verkauf ihn nicht, geh zu jedem Ladeninhaber und lass dir einen Preis sagen."

Der Schüler suchte jedes Geschäft des Marktes auf. Der erste Laden, den er betrat, war der eines Obstverkäufers. Der Mann warf einen Blick auf den Stein und sagte argwöhnisch: „Ein Dutzend Orangen?" Das nächste Geschäft war ein Gemüseladen. Der Mann bot umgehend vier Kilo Kartoffeln für den Diamanten. Der Schüler beschloss, alle Juweliere in der Straße aufzusuchen.

Jeder von ihnen ließ eine unterschiedliche Schätzung hören: eintausend, dreitausend, zehntausend Rupien. Zuletzt ging der Schüler zu dem bekanntesten Juwelier der Stadt und fragte ihn, was er für den Diamanten zu geben bereit sei.

Der Juwelier untersuchte den Diamanten für eine Minute. „Sie sind ein Narr, wenn Sie diesen erlesenen Stein verkaufen, mein Freund", sagte er schließlich. „Glauben Sie mir: Er ist selten und unbezahlbar." Der Schüler kehrte zu Guru Nanak zurück und berichtete von seinen Erfahrungen.

„Ich hoffe, dass du jetzt deine Antwort hast", sagte Guru Nanak zu ihm. „Ein menschliches Wesen bestimmt seinen eigenen Wert. Du kannst dich für ein dutzend Orangen verkaufen oder für vier Kilo Kartoffeln. Oder du kannst dich als außergewöhnlich und unbezahlbar erachten. Es hängt alles von deiner Einstellung zu dir selbst ab."

Viele Menschen haben die Angewohnheit, ihre Jackentaschen zu leeren, bevor sie nachts zu Bett gehen. Die Taschen werden sorgsam umgekehrt: Münzen, Geld und Wertsachen werden ordentlich aufgeräumt. Unnütze Zettel werden weggeworfen.

Lassen Sie uns unseren Geist wie unsere Taschen leeren. Während nur eines Tages sammeln wir so viele nutzlose Gedanken und Sorgen an, eine kleine Verstimmung hier, eine leichte Verärgerung da, einige Empörungen und sogar ein paar Schuldgefühle. Wir sollten sie jede Nacht aus unserem Geist abfließen lassen, so wie wir das schmutzige Wasser aus dem Waschbecken ablassen, indem wir den Stöpsel ziehen.

Negative Gedanken schütten Giftstoffe in den Blutkreislauf. Deswegen müssen wir unseren Geist unaufhörlich von allen negativen Gedanken reinigen und sie durch gute ersetzen.

Man sagt, dass das englische Wort *worry* (Sorge) aus dem Altenglischen abgeleitet ist und *würgen* oder *ersticken* bedeutet. Wie wahr es doch ist, dass Sorgen uns ersticken, sie nehmen der Hoffnung und dem Vertrauen, die so unentbehrlich sind für ein glückliches, gesundes, erfreuliches Leben, jegliche Luft zum Atmen.

In den USA wurde eine Umfrage zum Thema Sorgen durchgeführt. Sie hat einige interessante Statistiken hervorgebracht: Vierzig Prozent der Dinge, um die sich die Leute sorgen, treten nie ein. Dreißig Prozent liegen in der Vergangenheit und lassen sich nicht mehr ändern. Zwölf Prozent betreffen Angelegenheiten anderer und gehen uns eigentlich nichts an. Zehn Prozent gelten Krankheiten – wirklichen wie auch eingebildeten. Nur acht Prozent betrafen Dinge, um die es sich wahrhaft lohnt, sich zu sorgen.

Dennoch würde ich sagen, dass es auch diese acht Prozent nicht wert sind, sich zu sorgen. Ein weiser Mann sagte, „Sorgen fügen uns mehr Schaden zu als die Dinge selbst, deswegen räumen Sie den Sorgen Ihren rechtmäßigen Platz ein – außerhalb Ihres Lebens."

Mir wurde von einer amerikanischen Ärztin namens Sarah Jones erzählt. Immer wenn sie ihren Patienten ein Rezept verschrieb, fügte sie eine Empfehlung hinzu, die für alle Patienten dieselbe war, ganz gleich, woran sie litten. Und zwar folgende:

„Waschen Sie Ihren Geist jeden Tag gründlich!" Gehen Sie in die Tiefe Ihres Bewusstseins und reinigen Sie Ihren Geist von allen scheußlichen, negativen, ungesunden Gedanken.

In Indien gibt es einen Arzt, der sagt: „Halten Sie Ihr Obergeschoß rein, dann wird Ihr Untergeschoß gesund sein!" Es gibt einige Psychiater, die glauben, dass viele unserer Krankheiten von uns selbst verursacht werden. Sie behaupten, der Körper sei nur ein Spiegel unserer Gedanken und Überzeugungen. So wie wir denken, werden wir. Jede Zelle, alles Gewebe des Körpers reagiert auf jeden einzelnen Gedanken, den wir denken, ja, auf jedes einzelne Wort, das wir sprechen. Daher formen andauernde negative Gedanken oder ein ständig missmutiges Gesicht ein Krankheitsmuster.

Körper und Geist sind nicht zu trennen. Der Geist ist dafür bekannt, dass er das Herz beeinflusst, ebenso die Hormondrüsen, das Nervensystem, den Kreislauf und andere wichtige Organe. Wenn der Geist von negativen Gedanken beeinträchtigt ist, dann sind auch alle diese Systeme beeinträchtigt, was zu Krankheiten führt.

Gedanken sind Kräfte. Gedanken haben Macht. Gedanken erzeugen Schwingungen, die das Gewebe und die Blutzusammensetzung beeinflussen. Sorge, Ärger, Aufregung, Anspannung – all das kann sich nachteilig auf das Wohlbefinden eines Individuums auswirken. Nehmen Sie zum Beispiel das Verdauungssystem. Es ist bewiesen, dass Angst und Stress zu Übersäuerung, Geschwüren und anderen noch ernsthafteren Störungen führen.

Auf der anderen Seite haben positive Gedanken heilsame, gesundheitsfördernde und lebenserhaltende Kräfte. Ein glücklicher Geist ist eine große Unterstützung für einen gesunden Körper. Indem wir uns auf positive Gedanken konzentrieren, fördern wir unsere eigene Gesundheit und unser eigenes Wohlbefinden.

Was Sie dazu brauchen, um Ihre Gedanken in positive, heilende Kräfte zu verwandeln, ist: geistige Wachsamkeit, Selbstvertrauen, Freiheit von Angst und Sorge und die Fähigkeit, die Dinge so anzugehen, wie es für Sie richtig ist. Das ist der Grund, warum Menschen, die seelisch gesund sind, ein besseres und glücklicheres Leben führen als diejenigen, die nur körperlich fit sind. Menschen, die geistig wach und aktiv sind, führen auch im hohen Alter, wenn ihre Gesundheit sie im Stich zu lassen beginnt, ein sinnvolles und befriedigendes Leben.

Ein Mann verbrachte seinen Urlaub in einem Luxusresort. Eines Tages sah er eine Frau die Hotellobby betreten. Sie war schwer behindert. Ihr gebeugter Körper schien sich mit jedem Schritt nach vorne und nach hinten zu verdrehen. Der Mann war äußerst verlegen, als er sie sah. Ihr Anblick erweckte in ihm Unsicherheit und Unwohlsein. Später an diesem Tag sah er sie alleine im Speisesaal sitzen. Um mit ihren Lippen die Kaffeetasse zu erreichen, musste sie sich weit über den Tisch beugen. Und um etwas essen zu können, musste sie ihr Gesicht fast schon auf den Teller legen.

Am nächsten Morgen, als der Mann sich am Swimmingpool sonnte, kam sie in einem Badeanzug zum Pool. „O nein!", zuckte er zusammen, als er sie sah. „Ich wünschte, sie wäre nicht auch hierhergekommen!" Die Dame mühte sich mit ihrer Badekappe ab und platschte ins Wasser. Und – sie schwamm tatsächlich! Es war einer der schönsten Anblicke, die er je gesehen hatte. „Das war wunderbar!", grüßte er sie, als sie aus dem Wasser kam. „Aber – aber wie machen Sie das?" Es fiel ihr schwer, zu sprechen. Aber sie lächelte ihn an, als sie nuschelte: „Entschlossenheit! Entschlossenheit!"

Wir sind uns alle unserer Körperhygiene bewusst. Aber wie viele von uns schenken der Hygiene unserer Gedanken Aufmerksamkeit? Angst, Ärger, Sorge und andere negative Gefühle verschmutzen den Geist. Sie verursachen einen krankhaften Zustand und erzeugen krankmachende Gifte. Die Gesundheit des Geistes hat einen direkten Einfluss auf die des Körpers.

Wie viele Menschen haben wir gesehen, die vorzeitig gealtert sind? Angst und Depression scheinen die Haut verschrumpeln zu lassen. Und Stress und Anspannung, so kommt es einem vor, lassen Menschen über Nacht grauhaarig werden. Sorge und Niedergeschlagenheit rauben uns die Lebenskraft und blockieren die Körperfunktionen. Andererseits sind Beifall, Optimismus, Großzügigkeit und Warmherzigkeit erhebende Gefühle, die die Gesundheit fördern.

Ich würde nicht so weit gehen, zu sagen, dass alle Schmerzen und Leiden nur eingebildet sind oder dass sie nur im Geist existieren. Dennoch möchte ich der Auffassung zustimmen, dass der Geist eine bedeutende Rolle in unserer Gesundheit spielt und er tatsächlich den Heilungsprozess beschleunigen kann, wenn wir krank werden.

Ein altes Sprichwort sagt uns: „Ein fröhliches Herz ist die beste Medizin." Ich würde es einschränken und sagen, dass ein fröhliches Herz genauso gut tut, wie jede Medizin. Ein kranker Körper drückt sich in einem kranken Geist aus – und ein kranker Geist verhindert einen gesunden Körper. So ergibt sich ein Teufelskreis, in dem sich Geist und Körper immer weiter gegenseitig belasten, was zu chronischen Krankheitszuständen führt.

Man weiß von vielen körperlichen Leiden wie Lähmung, chronischen Verdauungsproblemen und Schwächezuständen, die durch die Kraft des Geistes und positiver Gedanken geheilt worden sind, während alle anderen Behandlungsmethoden versagt haben. Die Gesundheit liegt wahrhaft tiefer als in den Muskeln, Knochen und im Blut. Die Pflege der richtigen geistigen Einstellung ist folglich von höchster Bedeutung, wenn es darum geht, die Gesundheit zu erhalten.

Sehr viele Menschen ziehen durch ihre Gedanken Katastrophen, Missgeschicke und Erkrankungen an. Ärzte sprechen heute von einer neuen Krankheit, der *symptomatischen Halluzinitis*. Eine Person hat einfache Symptome, und schon fängt sie an, sich vorzustellen, unter einer furchtbaren Krankheit zu leiden. Ich kenne eine Frau, die, sobald sie Kopfschmerzen hat, vermutet, einen bösartigen Hirntumor zu haben. Und es gibt einen Mann, der jedes Mal, wenn er zu viel isst, folgert, dass seine Magenschmerzen durch Darmkrebs ausgelöst werden. Wenn wir die symptomatische Halluzinitis zulassen, ziehen wir in der Tat Krankheiten an! Deswegen müssen wir achtsam mit unseren Gedanken umgehen.

Mary Baker Eddy sagte: „Gesundheit ist nicht der Zustand der Materie, sondern des Geistes."

Eine bessere Beschreibung gibt es nicht! Was auch immer wir denken, was auch immer wir uns ausmalen, hat einen direkten Einfluss auf unseren Körper. Wenn Sie zum Beispiel denken: „Ich bin müde!", dann registrieren Ihre Nerven und Muskeln die Botschaft und treten in eine spürbare Angespanntheit über. Wenn Sie mit dem Gedanken „Ich fühle mich heute nicht gut" aus dem Bett aufstehen, erhält Ihr Körper die Botschaft und antwortet mit merklichem Kranksein.

Lassen Sie mich Ihnen eine einfache Therapie vorschlagen: Nehmen Sie sich von diesem Augenblick an
für die nächsten 24 Stunden vor, positiv, optimistisch
und hoffnungsvoll über alles zu denken und zu sprechen. Gleichgültig, worüber Sie sich Gedanken
machen – Ihre Familie, Ihre Arbeit, Ihre Beziehungen, Ihre Gesundheit oder Ihre Zukunft. Lassen Sie
Ihre Gedanken auf jeden Fall positiv sein! Das mag
zuerst einfach erscheinen, aber Sie werden bald merken, wie sehr Sie auf negatives Denken konditioniert
sind. Es wird viel Mühe kosten, aus dieser emotional
und spirituell lähmenden Gewohnheit auszubrechen.
Wir müssen unseren Geist bewusst trainieren, positive Energien zu erzeugen, die uns zu Gesundheit und
einem glücklichen Leben führen.

Positives Denken muss uns zur Gewohnheit werden. Wir müssen den positiven Gedanken erlauben,
in die Tiefe unseres Unterbewusstseins zu sinken,
sodass sie beginnen können, unsere Gedankenmuster
und unsere Mentalität zu beeinflussen. Ich habe Heiler kennengelernt, die ihre Patienten dazu anhalten,
positive Gedanken in die Bereiche zu lenken, die
krankheitsanfällig sind, damit Schmerzen gelöst werden und positive Energie in die betroffenen Teile
fließt.

Um ein anhaltendes Wohlbefinden zu fördern,
können Sie folgende Übung jede Nacht vor dem Schlafen machen. Schließen Sie Ihre Augen, entlassen Sie
alle negativen Gedanken aus Ihrem Geist und füllen
Sie Ihr Bewusstsein mit einem einzigen Gedanken:
„Durch Gottes Gnade fühle ich mich besser und bes-

ser, jeden Tag, in jeder Weise." Bekräftigen Sie dies gegenüber sich selbst, und ein Gefühl von Wohlbefinden und Harmonie wird sich in Ihrem Geist ausbreiten. Wiederholen Sie die Übung, wenn Sie am nächsten Tag aufwachen. „Durch Gottes Gnade fühle ich mich besser und besser, jeden Tag, in jeder Weise." Sie werden überrascht sein, welchen Unterschied das für Ihren Alltag ausmacht!

Die Methode, den Geist bei der Heilung und Vitalisierung des Körpers mit einzubeziehen, ist inzwischen in der Ärzteschaft allgemein anerkannt. Wir können natürlich nicht gegen jegliche Krankheit immun werden. Aber sollte Sie oder jemanden den Sie lieben doch eine Krankheit treffen, dann sind hier ein paar einfache Ratschläge, um die göttliche Kraft von Gesundheit und Heilung freizusetzen:

1. Gewöhnen Sie sich gesundheitsförderndes Denken an. Ergehen Sie sich nicht in Krankheit oder Schmerz. Sehen Sie sich selbst als heil, gesund und glücklich.

2. Sprechen Sie Ihre Gebete mit positiver geistiger Einstellung: Gott ist die Quelle unendlicher Kraft und Energie. Ihr positives Gebet wird helfen, Seine Kraft und Energie in Ihr Wohlsein zu kanalisieren.

3. Glauben und bestätigen Sie immer wieder, dass Gott Ihren Körper gemacht hat, um Gesundheit und Ganzheit zu wahren: Gott hat Ihren Geist und Ihren Körper mit beeindruckenden Heilungskräften ausgestattet. Wenn wir uns die richtige Geisteshaltung angewöhnen, heilt der Körper von allein.

4. Sorgen Sie dafür, dass Ihr Geist immer mit

bedeutsamen lebensbejahenden Gedanken und Worten aus den großen Schriften ausgefüllt ist: Schauen sie nach oben und denken Sie nach oben!

FÜNFTES POSITIVES GEHEIMNIS:
ERKENNEN SIE DIE
KOSTBARKEIT DES ATEMS

Nur wenige von uns sind sich dessen bewusst, welche Bedeutung dem Atem zukommt, um einen gesunden Körper und einen glücklichen Geist zu gewinnen. Jedes Mal, wenn ich einatme, atme ich dieses feine Element ein, das *prana* heißt. *Prana* ist die lebenserhaltende Energie, die viele von uns für ganz selbstverständlich halten. Wenn wir Luft durch unsere Nase in unsere Lunge aufnehmen, nehmen wir wertvollen, lebensspendenden, lebenserhaltenden Sauerstoff auf. Atem ist Leben! Wenn wir einatmen, nehmen wir eine große Menge Sauerstoff auf, die wichtig für das gesunde Funktionieren des Körpers ist. Es ist Sauerstoff, der in die Gewebestruktur einfließt; durch Sauerstoff wird die Verbrennung angeregt, die im Körper ununterbrochen stattfindet; er hilft, das Fett, den Zucker und Teile der Proteine, die wir konsumieren, zu verbrennen, um die Wärme zu produzieren, die den Körper auf seiner optimalen Temperatur hält, genauso wie die Energie, die wir brauchen, um den Körper leistungsstark funktionieren zu lassen. Die eigentliche Qualität unseres Blutes wird durch die Sauerstoffzufuhr unserer Lungen bestimmt. So könnte man also sagen, dass unser gesamter Körper vom Sauerstoff abhängig ist – denn er benötigt zu seiner Versorgung reines Blut. Darüber hinaus können unsere geistigen Fähigkeiten, klare Sehkraft, Gemütsruhe und sogar der spirituelle Zustand durch korrektes Atmen verbessert werden.

Sie mögen glauben, dass Sie ganz bestimmt keine Anleitung zum Atmen brauchen. Aber leider hat der Mensch über die Jahrhunderte die natürliche und korrekte Technik des Atmens verloren – genauso, wie er die richtigen Bewegungsmuster für das Gehen, Stehen, Sitzen und sich Hinlegen verlernt hat. Wahrscheinlich ist das der Preis, den er für die sogenannte Zivilisation zahlen musste.

Experten empfehlen verschiedene Methoden, etwa *pranayama* (eine gezielte Tiefenatmung, die Teil des Yogas ist), Rhythmisches Atmen, Bauchatmung, Brustatmung, Tiefenatmung etc. Diese Übungen sind sicher nützlich. Aber wir müssen daran denken, regelmäßige Übungen zu machen. Aus diesem Grund ist es wichtig, zu lernen, so natürlich wie möglich zu atmen.

Der richtige Weg liegt darin, durch die Nase einzuatmen – und nicht durch den Mund, wie viele von uns es tun. Das ist ein ernsthafter Fehler, der das Blut daran hindert, ausreichend gereinigt zu werden. Die Natur hat die Nase so geschaffen, dass die Luft, die wir einatmen, während der Einatmung automatisch gefiltert wird. In unseren Nasenlöchern befindet sich ein effizienter Schutzmechanismus, der sowohl als Filter als auch als Staubfänger dient. Die feinen Härchen im Nasengang halten Staub und Unreinheiten ab, während die warme Nasenschleimhaut, die die enge, gewundene Passage auskleidet, die Luft erwärmt, die wir einatmen, damit die empfindlichen Organe nicht beschädigt werden, die die Nase mit der Lunge verbinden.

Wenn wir durch den Mund atmen, fehlt uns der Prozess des Filterns und der Reinigung. Die Luft wird nicht gefiltert, Staub und Unreinheiten werden eingeatmet, und unser Atmungssystem wird Fremdstoffen ausgesetzt, die in der Luft sind. Außerdem lässt diese falsche Atmung kalte Luft in die Lungen gelangen. Vielleicht haben Sie gemerkt, dass Sie, wenn Sie eine verstopfte Nase haben und nachts durch den Mund atmen, ständig mit einem trockenem Hals und einem belegten Mund aufwachen.

Mir sagte einmal ein Arzt, den ich kenne, dass die meisten Menschen beim Atmen an „ein und aus" denken. Er fügte hinzu: „Es wäre viel besser, wenn sie diesen Gedanken umdrehten und an ‚aus und ein' dächten." Was er meinte, war, dass die Luft vollständig aus den Lungen geleert werden muss, bevor wir frischen Atem aufnehmen. Fachleute sagen, dass selbst nach der effektivsten und kraftvollsten Ausatmung noch ungefähr 1,5 Liter Luft in den Lungen bleiben. Wenn wir unvollständig ausatmen, erlauben wir weiteren 1,5 Litern, in den Lungen zu bleiben.

Wie ich schon sagte, ist das Atmen so sehr Teil unserer unbewussten Handlungen, dass wir es für selbstverständlich halten. Richtiges Atmen hört sich so leicht und einfach an, aber viele von uns haben vergessen, wie man richtig atmet! Beobachten Sie ein Baby beim Atmen, und Sie werden ein oder zwei Dinge über das „richtige Atmen" lernen. Das Baby atmet am natürlichsten – langsam, stetig, gleichmäßig. Sie werden auch bemerken, dass sich nicht die Brust des Babys hebt und senkt, sondern sein Bauch.

Genauer gesagt ist es der Unterleib, der sich hebt und senkt. Im Übrigen ist das Zwerchfell ein Muskel zwischen Brustkorb und Bauchhöhle, ohne den wir nicht atmen könnten. Wenn wir Erwachsenen falsch atmen, dann dehnt sich, während wir ein- und ausatmen, lediglich unser oberer Brustraum aus und zieht sich zusammen. Wir halten einfach aus irgendeinem Grund den Bauch eingezogen.

Experten sagen uns, dass das eine schlechte Angewohnheit ist, die wir mit der Zeit angenommen haben. Sie sagen uns auch, dass wir, indem wir diese Angewohnheit unterbrechen und zur natürlichen Atmung, wie der des Babys, zurückkehren, von chronischen Beschwerden wie Müdigkeit, Erschöpfung und permanenten Kopfschmerzen befreit werden können. Des Weiteren gelingt es uns sogar, Stress abzuwehren, den Blutdruck zu senken und unsere Herzen zu stärken, indem wir uns die natürliche und richtige Atmung aneignen.

In unseren Lungen findet bei jedem unserer Atemzüge ein Prozess statt, der sich Gasaustausch nennt. In diesem Prozess wird frischer Sauerstoff in unser Blut aufgenommen, während Abfallstoffe in Form von Kohlenstoffdioxyd in die Lunge freigesetzt werden, um aus dem System ausgeatmet zu werden.

Wenn wir korrekt atmen und das Zwerchfell benutzen, findet dieser Gasaustausch in den unteren Bereichen der Lunge statt. Falsche oder Brustatmung erreichen das Blut in den unteren Lungenbereichen nicht.

Deswegen kann der Gasaustauschprozess nicht erfolgreich durchgeführt werden.

Phil Nuernberger, der Autor des Buches *Freedom From Stress – Frei von Stress*, erklärt uns: „Die Art, wie wir atmen, hat tiefe Auswirkungen auf die Art, wie wir empfinden." Er glaubt, dass einige stressbedingte Beschwerden – körperliche, geistige und emotionale – von unpassender Atmung ausgelöst werden.

Viele von uns vergessen gerne, dass der Blutkreislauf im Körper primär dem Zweck des Sauerstofftransports in unser Gehirn und in andere lebenswichtige Organe dient. Wenn wir mit der Einatmung nicht genügend Sauerstoff aufnehmen, muss das Blut zum Ausgleich schneller zirkulieren, um weiterhin die gleiche Menge Sauerstoff zu befördern. In andern Worten: Unser Blut muss schneller fließen, um den Bedarf der Organe zu decken. In Folge dessen steigt der Blutdruck. Studien haben sogar bewiesen, dass Menschen, die flach atmen, einer höheren Gefahr ausgesetzt sind, einen Herzinfarkt zu erleiden.

Außerdem macht uns die Brustatmung anfällig für Stress. Oft raten Ärzte Stressgefährdeten, tief zu atmen. Wenn wir bewusst auf langsame, kontinuierliche Zwerchfellatmung umsteigen, können wir beobachten, dass wir ruhig und entspannt werden und dass wir klar und gelassen denken.

Ärzte haben auch herausgefunden, dass tiefe und korrekte Atmung die Produktion des körpereigenen Schmerzmittels Endorphin steigert. Heutzutage können wir bemerken, dass vielen Patienten, die sich einer Operation unterziehen, zudem Übungen zur

Tiefenatmung verordnet werden, damit sie weniger Schmerzmittel benötigen. Diese Patienten erleben meist weniger postoperative Komplikationen.

Hier eine einfache Atemübung, die von Experten empfohlen wird:

- Tragen Sie bequeme Kleidung, die Sie nicht im Brustkorb, in der Taille oder am Bauch beengt.

- Sitzen oder liegen Sie in einer bequemen Position und halten Sie dabei Ihren Rücken so gerade wie möglich.

- Fangen Sie an, langsam und gleichmäßig durch die Nase zu atmen.

- Legen Sie anfangs Ihre Fingerspitzen auf die Bauchdecke, um zu fühlen, wie tief Sie atmen können.

- Überprüfen Sie die Tiefe Ihrer Atmung, indem Sie fühlen, wie Ihr Bauch, Ihr Brustkorb und Ihre Lungen sich ausdehnen.

- Kehren Sie den Vorgang zur Ausatmung um. Atmen Sie langsam und gleichmäßig durch die Nase aus.

- Ziehen Sie den Bauch leicht ein, um sicherzugehen, dass auch die letzte verbrauchte Luft ausgestoßen ist.

- Achten Sie darauf, sich nicht zu überanstrengen. Zwingen Sie die Luft nicht in Ihre Lungen. Atmen Sie gleichmäßig; finden Sie einen Rhythmus, indem Sie in Gedanken bis drei zählen, während Sie ein- und ausatmen. Sobald sich Ihre Atmung bessert, können Sie allmählich zu einem längeren Atemrhythmus übergehen.

Um sicherzugehen, dass Sie richtig atmen – zum Beispiel Zwerchfellatmung –, ist es ratsam, sich vorzustellen, dass Sie in Ihrem Bauch einen Ballon aufblasen. Wenn Ihnen das leichtfällt, können Sie beginnen, langsamer aus- als einzuatmen. Eine Atmung, deren Ausatmung zweimal so lang wie die Einatmung ist, nennt sich Zwei-zu-Eins-Atmung. Sie ist ein bewährter Weg, um Stress sofort zu reduzieren.

Flaches Atmen führt zu einem niedrigen Energieniveau, das sich oft durch fortwährendes Seufzen und Gähnen bemerkbar macht. Heutzutage haben wir so viele Geräte, die für uns arbeiten und so viele Maschinen, die uns körperliche Arbeit abnehmen, dass wir uns kaum noch selbst verausgaben müssen. So verbringen mittlerweile viele Menschen ihre Zeit sitzend – und das oft in einer schlechten Haltung, mit nach vorne fallenden Schultern. Menschen, die ihren Beruf sitzend ausüben, vor allem, wenn sie viel Kopfarbeit leisten müssen, sind häufig derart auf ihre Aufgabe konzentriert, dass sie völlig vergessen, tief zu atmen. Das führt zu einer Anhäufung von Kohlenstoffdioxyd und einer schlechten Sauerstoffversorgung, woraufhin die Luft wie ein Seufzen hinausgezwungen wird. Folglich ist ein Seufzen oder ein Gähnen der Weg, den die Natur sich nimmt, um den Sauerstoffmangel im System auszugleichen.

Lassen Sie mich noch eine Warnung hinzufügen: Obwohl es notwendig ist, bewusst auf richtige Atmung zu achten, ist es dennoch nicht ratsam, die Atemübungen obsessiv zu verfolgen, bis Sie die natürliche Technik beherrschen. Sie können regelmäßig ein-

oder zweimal täglich Atemübungen machen. Wenn es Ihnen möglich ist, können Sie sie auch während Ihrer Arbeitszeit für ein oder zwei Minuten machen. Auf diese Weise werden Sie sich langsam an die korrekte Atmung gewöhnen.

Wenn Sie die Tiefenatmung regelmäßig praktizieren wollen, dann sind der Morgen, direkt nach dem Aufwachen, und der Abend, vor dem Einschlafen, die richtige Zeitpunkte für diese speziellen Übungen. Allerdings sollten Sie die gezielte Atmung während des Tages nicht vergessen.

Der Atem hat einen tiefgehenden Einfluss auf jeden Teil unseres Körpers, das Gehirn eingeschlossen. Er trainiert Muskeln, fördert die Herzfunktion, verbessert den Blutkreislauf, reguliert die Ausscheidungen, spült schadhafte Kohlendioxyde aus dem Blut und reduziert Stress. Gesunde Körperübungen und ein gesunder Atem gehen Hand in Hand, sie sind untrennbar miteinander verbunden. Dies ermöglicht den Lungen, eine optimale Menge an Sauerstoff aufzunehmen, sodass das Blut gereinigt und die Belastung des Herzens vermindert wird. Tiefer Atem bringt uns immense Vorteile, unter anderem ein stabiles Gemüt, ruhiges Denken, inneren Frieden und ein langes Leben.

Prana ist die lebendige Energie, die alle Bewegungen beherrscht. Selbst die Bewegung innerhalb eines Atoms oder die Bewegung der Gedanken werden von *prana* bestimmt. *Prana* ist kosmische Energie. Die verschiedenen Funktionen des Körpers mögen unterschiedliche Namen tragen, aber sie alle werden vom *prana* beherrscht.

Prana ist das beste Stärkungsmittel. Einfaches und richtiges Atmen hat die Kraft, Sie zu heilen. Alles, was wir tun müssen, ist *pranische* Energie dorthin zu leiten, wo immer wir ein Problem haben. Stellen Sie sich den Ort vor, an dem Sie Schmerzen oder Kummer haben. Lenken Sie Ihre Aufmerksamkeit mit der Einatmung auf jenes Körperteil. Fühlen Sie, dass Sie nicht nur Luft zu sich nehmen, sondern Gottes üppige, gesundheitsspendende, lebendige Energie. Atmen Sie ein, als ob Sie enorme Mengen dieser Lebensenergie trinken. Lassen Sie die Energie zu dem betroffenen Ort fließen. Halten Sie den Atem für einen kurzen Moment an und erlauben Sie *pranischer* Energie, den betroffenen Bereich zu durchtränken und zu bedecken. Fühlen Sie, wie der Atem die erkrankten Zellen und das Gewebe an diesem Ort reinigt und säubert. Fühlen Sie, wie sich Anspannung und Schmerz auflösen. Wenn Sie dann ausatmen, nehmen Sie bewusst wahr, dass Sie Schmerz, Leid und negative Energie loslassen. Diese Übung kann Sie wirklich von vielen körperlichen Schmerzen und Qualen befreien – denn das *prana* hat die Macht, an alle Stellen des Systems vorzudringen, und das allein durch Ihren Denkprozess.

Die *Upanishaden* erzählen uns eine bedeutsame Geschichte. Eines Tages gerieten die lebenswichtigen Vorgänge und Bewegungen des Körpers in einen Streit. Das Augenlicht beanspruchte für sich den höchsten Rang. Der Geschmack bestand auf seiner eigenen Vorherrschaft. Der Tastsinn und das Gehör ließen sich nicht so einfach abhängen. Der Gang, die

Stimme, die Verdauung – jeder wollte die Oberhand haben.

Sie wendeten sich an *Brahma*, den Allwissenden, damit er ihren Streit schlichte. Brahma hatte eine einfache Lösung parat: Jeder von ihnen sollte für einen gewissen Zeitraum Urlaub nehmen, sodass der Körper ohne sein Zutun funktionieren müsste. Derjenige, ohne den der Körper nicht funktionieren könnte, wäre der wichtigste Vorgang.

Das Augenlicht schied als erstes aus. Der Körper tastete eine Weile in der Dunkelheit, aber allmählich gewöhnte er sich an den Verlust der Sehkraft und begann langsam seine Bewegungen zu normalisieren. Das Leben ging weiter.

Der Verlust des Gehörs hatte sogar noch weniger Auswirkungen. Es war ein Ärgernis, nicht hören zu können, aber allmählich erwiesen sich die schöne Stille und die Abwesenheit von harten und knirschenden Geräuschen als äußerst angenehm. Der Gang, die Stimme, der Geschmacks- und der Geruchssinn – ein jeder Verlust hatte seine Auswirkungen, aber keiner so sehr, dass das System zum Stillstand gekommen wäre.

„Jetzt bin ich an der Reihe fortzugehen", kündigte der Atem an. „Also gehe ich jetzt."

Als der letzte Atemzug den Körper verlassen hatte, gerieten alle Systeme, alle Organe in Panik. Sie hatten nicht frei, aber dennoch versagten sie ihren Dienst. Die Knie wurden weich, die Beine kraftlos, die Sehkraft und das Gehör fielen aus …

„Bleib, bitte bleib, verlass uns nicht", bettelten sie.

„O Atem, du bist der Höchste! Wir können ohne dich nicht auskommen!"

Muss ich noch mehr über die Macht des *prana* sagen?

Der Mensch kann für eine ziemlich lange Zeit ohne Essen überleben, er kann eine gewisse Zeit ohne Wasser auskommen. Aber entzieht man ihm die Luft, entzieht man ihm den Atem, dann hört er auf zu existieren.

SECHSTES POSITIVES GEHEIMNIS:
VITAMIN W – DIE ECHTEN VITAMINE

Eine Dame fragte mich einmal, ob ich Vitaminergänzungspräparate zu mir nehme. Ich bejahte. „Nehmen Sie die echten Vitamine?", bohrte sie nach. „Echte Vitamine?", sagte ich, „ich kenne Vitamin A, B, C, D, E und K – welches davon ist das echte?"

„Keines davon", antwortete sie. „die echten Vitamine sind die Vitamine W – Wasser und Walking!"

Wer von uns ist körperlich fit? Wer von uns wendet jeden Tag wenigstens ein kleines bisschen Zeit für körperliche Aktivität auf – Wandern oder Spazierengehen oder Radfahren oder Schwimmen oder irgendeine Art von Sport? „Woher soll ich die Zeit für all das nehmen?", fragen einige verzweifelt.

„Ich bin erschöpft, wenn ich nach Hause komme, wie kann man von mir erwarten, dass ich mich um sechs Uhr abends noch nach draußen schleppe?", sagen einige.

Wieder andere haben ganz eigene Ausreden: „Ich schwitze nicht gern, Trainingshosen stehen mir nicht, es langweilt mich." Und so weiter. Alle von uns haben sich schon mal in derartige Ausreden geflüchtet. In Wahrheit widerstrebt uns jegliche Form der körperlichen Betätigung.

Doch es besteht kein Zweifel daran: Für unsere Gesundheit ist es wichtig, dass wir in irgendeiner Art körperlich aktiv sind. Und diese körperliche Aktivität müssen wir regelmäßig ausüben, denn ihr wohltuender Effekt kann nicht gespeichert werden. Bewegung muss ein fester Bestandsteil unseres täglichen Lebens werden.

„Sport" klingt kompliziert. Es könnte spezielle Kleidung voraussetzen – Shorts, Trainingsanzüge, Trikots; es könnte eine spezielle Ausrüstung verlangen – Laufband, Gewichte, Heimtrainer und so weiter. All das zieht Kosten nach sich. Und wir wissen, dass wir oft nicht alles benutzen, was wir kaufen.

An all diejenigen unter Ihnen, die das Wort „Sport" abschreckt, folgender Ratschlag: Vergessen Sie den Sport. Gehen Sie einfach!

Gehen bedarf keiner teuren Ausrüstung. Es kann in jeder lockeren bequemen Kleidung, die Sie üblicherweise tragen, ausgeübt werden. Gehen ist leicht und einfach – und man kann es nahezu überall tun!

Betrachten Sie den Nutzen des Gehens. Es kann:

- Sie fit halten,
- Ihre Muskeln stärken,
- Ihre Figur und Ihre Haltung verbessern,
- Ihre Herz- und Lungenkapazität steigern,
- Sie von Stress befreien,
- Kalorien verbrennen,
- Ihnen helfen abzunehmen,
- Ihre Stimmung aufhellen,
- Sie jung aussehen und fühlen lassen.

Eines der Übel unseres sogenannten besseren Lebensumstände sind die vielen arbeitserleichternden

Maschinen, die die Notwendigkeit, unsere Muskeln zu benutzen, umgehen. Mit der Folge, dass viele unserer Muskeln nicht mehr in der Lage sind, die Funktionen, für die sie eigentlich gedacht waren, richtig auszuüben. Die bewegungsarme Lebensweise vieler leitender Angestellter und Fachkräfte macht sie anfällig für etliche Leiden, die hauptsächlich auf Bewegungsmangel zurückzuführen sind. Kein Wunder also, dass viele der Krankheiten, die aus unserem Lebensstil resultieren, durch entsprechende Bewegung geheilt oder vermieden werden können.

Die Liste der modernen „Leiden", die direkt auf einen Bewegungsmangel zurückzuführen sind, ist lang: Herz- und Kreislauferkrankungen, Krampfadern, Hernie, Fettsucht, Verstopfung … Die Liste ist endlos. Und es ist unsinnig, allein ihre Symptome mit Medikamenten oder operativen Eingriffen behandeln zu wollen.

Einer der unerfreulichsten Aspekte des modernen Lebens ist, dass sogar unsere Kinder – vor allem die, die in größeren Städten leben – nicht nur zu wenig Bewegung bekommen, sondern auch noch den größten Teil ihrer Freizeit vor dem Fernseher sitzen. Sonnenschein, frische Luft und Bewegung, die für ihre körperliche Entwicklung notwendig sind, bleiben ihnen versagt. Als Folge dieser unnatürlichen Lebensweise sind Schlaffheit und Übergewicht bei Kindern weitverbreitet.

Ich habe von einem Mann gelesen, der einen Arzt wegen der fortdauernden Krankheit seiner Frau konsultierte. Der Arzt riet zu regelmäßiger Bewegung.

„Bewegung?", erwiderte der Mann scharf. „die einzige Bewegung, die meine Frau je ausgeübt hat, ist, sich in hohe Schulden verrennen und dann im Dreieck zu springen."

Bewegungsmangel führt nebst anderen Erkrankungen auch zu Stress, Nervosität und Reizbarkeit. Tausende unter uns schlucken Beruhigungsmittel, deren schädliche Nebeneffekte unseren Körper angreifen, während ein zügiger Spaziergang an der frischen Luft Wunder bewirken kann.

Mahatma Gandhi schreibt: „Bewegung ist für den Menschen genauso lebensnotwendig wie Luft, Wasser und Nahrung; jemand, der sich nicht regelmäßig bewegt, kann nicht völlig gesund sein." In seinem *Wegweiser zur Gesundheit* empfiehlt Gandhi-ji körperliche und geistige Aktivität, um einen gesunden Geist in einem gesunden Körper zu fördern. Denn unsere Tätigkeit sollte weder ausschließlich körperlich, noch ausschließlich geistig sein – und es sollte auch nichts sein, was nur ein vorübergehendes Vergnügen bereitet.

Man sagt, dass Walking die Königin der sportlichen Übungen ist. Der Grund, warum die *sadhus* (Mönche oder Asketen) und Fakire des alten Indien fit und gesund waren, liegt darin, dass sie von einem Ende des Landes zum anderen gingen – und zwar zu Fuß.

Der bekannte amerikanische Autor Henry David Thoreau war für Gandhi-ji eine große Inspirationsquelle. Thoreau war ein so begeisterter Geher, dass er täglich vier bis fünf Stunden ging. Er behauptete sogar, dass er seine besten Werke während des Gehens entworfen und verfasst hatte!

Wir mögen komplexe geistige oder intellektuelle Arbeiten leisten. Aber es ist unerlässlich, dass wir etwas Zeit für Körperübungen einplanen – genauso wie wir es immer schaffen, Zeit zum Essen zu finden. Denn selbst die schwierigste geistige Arbeit profitiert von einem höheren körperlichen Bewegungsniveau.

Ein reicher Mann litt an einer schweren Verdauungsstörung und an Appetitverlust. Er konsultierte seinen Arzt und bekam den Rat, jeden Tag ein wenig spazieren zu gehen. Er protestierte, er sei zu schwach, um überhaupt zu laufen. Der Doktor lud ihn auf eine Fahrt in seiner Kutsche ein. Auf dem Weg ließ der Arzt absichtlich seine Peitsche fallen. Aus Höflichkeit stieg der Patient ab, um sie aufzuheben. Aber der Arzt fuhr weg, ohne darauf zu warten, dass der Mann wieder in die Kutsche gestiegen war. Der arme Patient war gezwungen, hinter der Kutsche herzulaufen, so gut er eben konnte. Als der Arzt befand, dass er genug gelaufen war, hielt er die Kutsche an und lud ihn wieder ein. „Es tut mir leid, dass ich das tun musste", erklärte er. „Aber es war der einzige Weg, Sie zum Gehen zu bringen!"

Er brachte den Mann nach Hause, der plötzlich bemerkte, dass er sehr hungrig war. Zum ersten Mal seit vielen Tagen setzte er sich an den Tisch, um ein herzhaftes Mahl zu sich zu nehmen – und er verstand, wie wertvoll der Ratschlag des Arztes war.

Wenn Sie einen zügigen Spaziergang machen, werden Sie selbst bemerken, wie leicht und erfrischt Sie sich danach fühlen und dass Ihr Atem tief und schnell wird. Gehen trainiert jeden Teil des Körpers und stärkt den Blutkreislauf. Dies wiederum verbessert unseren Stoffwechsel, fördert leistungsstarke Verbrennungsvorgänge der Nahrung und den Abbau von giftigen Substanzen.

Wir alle wissen, dass Sport uns körperlich fit hält. Aber nun erzählen uns Psychiater, dass Bewegung auch das emotionale Wohlbefinden steigert! „Bewegung ist emotionales Aerobic", sagt Bob Connoy, Psychiater an der Penninger Klinik in Topeka, Kansas. Der emotionale Nutzen von Bewegung ist vielfältig. Sie kann:

- Anspannung und Angst abbauen,
- die Fähigkeit des Körpers, Stress zu verkraften, stärken,
- den Geist reinigen, die Konzentration steigern und das Gefühl des Wohlbefindens erhöhen,
- den Schlaf verbessern,
- Depressionen reduzieren,
- Optimismus und Selbstvertrauen aufbauen.

Jegliche Form von Bewegung baut aufgestaute Anspannung ab. Nach einem flotten Spaziergang fühlen Sie sich entspannt, erfrischt und energiegeladen.

Beten Sie im Gehen!
Lassen Sie mich Ihnen diese wunderschönen Zeilen des buddhistischen Mönchs Thich Nhat Hanh zitieren:

„Der Geist kann in tausend Richtungen wandern.
Aber auf diesem schönen Pfad gehe ich in Frieden.
Mit jedem Schritt weht eine sanfte Brise.
Mit jedem Schritt erblüht eine Blume."
Thich Nhat Hanh verrät uns, dass Gehmeditation sehr genussvoll sein kann. Sie wird Ihr Bewusstsein für den gegenwärtigen Augenblick stärken und es Ihnen ermöglichen, nicht nur die frische Luft um sich einzuatmen, sondern Frieden und Glück.

Es wird wohl jeder zustimmen, dass Gedanken schwer zu kontrollieren sind. Während wir einen Weg gehen, rasen unsere Gedanken über eine Million Pfade. Wenn wir es schaffen, unseren Weg in den Weg der Meditation zu verwandeln, gewinnen wir vielfach.

Gautama Buddha war der erste, der diesen großartigen Weg der Gehmeditation eingeführt hat. Als er im Wald von Uruvila weilte, nahm er seine Jünger auf diese meditativen Spaziergänge mit – und bereitet damit den Weg zu Frieden und Freude für uns alle.

Medizinischer Nutzen des Gehens

Es ist bewiesen, dass regelmäßiges Gehen tatsächlich Krankheiten vorbeugen kann. Es vermindert das Risiko chronischer Erkrankungen um 30 bis 40 Prozent. Gehen hält das Herz gesund. Es steigert die Blutversorgung des Herzens, senkt den Blutdruck und erhöht den HDL-Spiegel – das gute Cholesterin im Blut. Es reduziert das Risiko eines durch Blutgerinnung verursachten Schlaganfalls. Ärzte sagen, dass Gehen bei korpulenten Menschen die Entstehung von

Diabetes Typ 2 verhindern kann. Knochen- und Muskelaufbau reduzieren das Risiko, später im Leben an Osteoporose zu erkranken. (Bei einer gesunden Zufuhr von Kalzium.) Durch die Stärkung der Gelenkmuskeln lindert es außerdem Schmerzen bei Arthrose-Patienten. Vor allem ist Gehen eine bewährte Medizin gegen Depressionen und Niedergeschlagenheit.

Wasser

An dieser Stelle sind ein paar Worte über das Wasser angebracht. Wenn der Mensch nichts zu essen hat, kann er einige Tage ausschließlich mit Wasser überstehen. Der Grund dafür ist, dass der menschliche Körper zu über 70 Prozent aus Wasser besteht. Tatsächlich bestehen alle Lebensmittel, die wir essen, zu 70 Prozent aus Wasser.

Leider trinken wir zu wenig. Außerdem achten wir nicht genug auf die Reinheit unseres Trinkwassers. Unreines Wasser oder Wasser aus verschmutzten Quellen kann dem Körper schaden. Deswegen sollte das Wasser, das Sie trinken, abgekocht und gefiltert sein und in einem sauberen Behälter aufbewahrt werden. Wir leben in einer Welt, in der Menschen für abgefülltes Trinkwasser bezahlen – ein Zustand, der unsere Vorfahren unglaublich schockiert hätte.

Wasser hilft, die toxischen Abfälle aus unserem Körper zu spülen. Es kontrolliert die Körpertemperatur, indem es als Schweiß nach außen abgegeben wird. Fachleute haben ausgerechnet, dass wir täglich über zwei Liter Wasser durch unsere Haut, Lungen, Nieren und den Verdauungstrakt verlieren. Überflüssig, darauf hinzuweisen, dass dieser Verlust wieder aufge-füllt werden muss.

Es ist gut, wenn Sie Wasser trinken, wann immer Sie durstig sind. Allerdings ist es besser, Wasser nach dem Essen zu trinken als während des Essens.

Ein weiser Mann sagte: „Trink dein Essen und esse dein Wasser."

Nein, er hat die Verben nicht verwechselt! Was er meinte, war, dass das Essen gekaut, und zwar so gut zerkaut werden sollte, dass es wie eine Flüssigkeit hinunterrutscht, wenn wir es schlucken. Und Wasser sollte nicht hastig hinuntergestürzt werden – sondern in kleinen Schlucken getrunken, genossen und lang-sam eingenommen werden.

SIEBTES POSITIVES GEHEIMNIS: VERBRINGEN SIE JEDEN TAG ETWAS ZEIT IN STILLE

Seit beinahe drei Jahrzehnten oder mehr bestätigen Ärzte, dass bei den meisten Krankheiten, von der ganz gewöhnlichen Erkältung bis hin zu Krebs, emotionaler Stress zweifellos eine Rolle spielt.

Man sagt, es habe Yogis im Himalaya gegeben, die über 150 Jahre in ihren abgeschiedenen Berghöhlen lebten. Ein kalifornischer Arzt behauptet, dass Menschen weit über 100 Jahre leben könnten, wenn sie nur die richtige Kombination aus Stille und Meditation, begleitet von Gebet, praktizierten. Dies ist in der Tat eine starke Kombination – ein sicheres Rezept für Wohlbefinden und langes Leben. Während des Gebets sind unsere Gedanken voller positiver, schöner Gedanken, die positive Hormone in den Körper ausstoßen.

Stille Gebete sind auch ein hervorragendes Gegenmittel, sie können Stress und Ängstlichkeit bekämpfen und Heilung fördern. Wenn wir in Stille beten oder meditieren, entdecken wir, dass wir mit positiven, heilenden Kräften in Verbindung treten, und wir nehmen ein wundervolles Gefühl der Entspannung wahr. Wir knüpfen eine Verbindung zu Gott und setzen Hormone in Gang, die uns länger leben lassen.

Hoffnung, Vertrauen und Optimismus, das sind die Schätze, die Sie in der Stille finden. Ohne sie kann keine Krankheit geheilt werden. Wenn es Ihnen gelingt, sich Ihr eigenes Wohlbefinden in Momenten der Stille vor Augen zu führen, sind Sie auf dem besten Wege, gesund und energiegeladen zu sein. Experten nennen dies eine „kreative Vorstellung" – eine der wichtigsten Techniken im modernen Gesundheitswesen.

Dr. Bernard S. Siegel, ein außergewöhnlicher Chirurg, der an der Yale Universität lehrt, ermutigt seine Patienten, über folgende Frage nachzudenken: Warum brauche ich diese Erkrankung? Hat der Patient erst einmal das Kräftespiel seiner eigenen Lebenssituation erkannt, so kann er leicht den Heilungsprozess beginnen, der dann schneller und effektiver ist.

Ein weiterer Arzt, der die geistige Bildverarbeitung in den Heilungsprozess mit einbezieht, ist Dr. Gerald Epstein. Er verschreibt seinen Patienten tatsächlich Vorstellungs-Übungen. Zum Beispiel soll sich ein Patient mit einer Immunitätsstörung auf weiße Ritter konzentrieren – was möglicherweise unsere weißen Blutkörperchen symbolisiert –, die eine Festung bewachen und Eindringlinge und feindliche Krieger hinaus treiben.

Die Ausübung der Stille kann Ihr Leben mit der Wahrnehmung der göttlichen Gegenwart belohnen. Ich erzähle gerne die Geschichte von dem Mann, der alleine am Meeresufer stand und gedankenverloren auf die Kieselsteine starrte, die ringsum verstreut lagen. In einem apathischen und stumpfen Gemütszustand begann er, die Kieselsteine einen nach dem anderen aufzulesen und sie ins Wasser zu werfen. Als die Kiesel alle weggeworfen waren und er den letzten in seiner Hand hielt, betrachtete er ihn und erkannte mit Schrecken, dass es eine wertvolle Perle war. Er hatte eine Menge Perlen weggeworfen, ohne sich überhaupt ihres Wertes bewusst zu werden.

Jede Stunde, jede Minute des Tages ist eine Perle von unbezahlbarem Wert. Die Zeit, die Sie in Stille verbringen, ist besonders wertvoll, denn sie kann Sie zu körperlichem, seelischem und spirituellem Wohlbefinden führen. Der dauernde Stress und die Hetze des modernen Lebens erzeugen eine vergiftete Atmosphäre. Genauso, wie Menschen, die in der Stadt leben, Parkanlagen, Wälder und Grünzonen nutzen, um sich zu erholen, sollten auch Sie es sich angewöhnen, im Hafen der Stille anzulegen und Ihre geistigen Beziehungen zu verfeinern. Es wird Sie sicher erfrischen und verjüngen, mit Gott zu kommunizieren und die Gegenwart des Göttlichen in der Tiefe der Stille zu pflegen.

Oft sagen mir Leute, sie seien so gestresst und angespannt, dass sie am liebsten vor allem an einen ruhigen, schönen Ort davonlaufen möchten, ganz weit weg. Das Ausüben von Stille kann ihr Privatjet sein, der es Ihnen ermöglicht, jene großartigen Plätze in Ihrer eigenen Seele zu erreichen!

ACHTES POSITIVES GEHEIMNIS:
BRAHMACHARYA

Ein Weiser saß auf einem Berggipfel, ruhig, nachdenklich und in Meditation vertieft. Seine Augen glänzten, sein Gesicht strahlte. Er schien vor guter Gesundheit schier zu leuchten. Vor ihm stand ein Krug Wasser.

Ein Dorfbewohner, der ihn sah, war so beeindruckt von ihm, dass er den weisen Mann bat: „O mein Herr, bitte, verratet mir das Geheimnis Eurer Weisheit und des Funkelns Eurer Augen!"

Der Weise antwortete: „Ich faste, ich meditiere, ich nippe an diesem Wasser, wenn ich durstig bin – und das ist alles, was ich tue."

„Das Geheimnis muss in diesem Wasser liegen!", rief der Dörfler aus. „O weiser Mann! Gebt mir etwas von jenem Wasser – was auch immer der Preis dafür ist!"

Widerstrebend willigte der Weise ein, dem Mann für ein Goldstück einen Krug von seinem Wasser zu geben. Der Dörfler stützte begierig das Wasser hinunter und wartete auf ein Wunder. Natürlich geschah nichts. Niedergeschlagen überdachte er seinen Handel und kam zu dem Schluss: „Ich war ein Narr, Euch für dieses Wasser Geld zu bezahlen! Ich hätte zum Bach gehen können und es umsonst bekommen können!"

„Ach!", erwiderte der Weise. „Du wirst also schon klüger!"

Das Geheimnis der Weisheit lag nicht im Wasser oder gar in der Meditation oder im Fasten, auch wenn die Menschen immer geglaubt haben, dass dies zu Weisheit und emotionalem Wohlbefinden führen kann. Natürlich stimmt das. Aber das dem Fasten und der Meditation zugrundeliegende Prinzip ist Selbstdisziplin.

Von allen Tugenden findet heutzutage die Selbstdisziplin die geringste Wertschätzung und Würdigung. Ich sage immer, Selbstdisziplin ist das Training unserer spirituellen Muskeln!

Jeder Gewichtheber wird Ihnen sagen, dass er mit leichten Gewichten angefangen und sich dann gesteigert hat. Genauso ist es mit Selbstdisziplin. Wir müssen mit leichten Überwindungen, einfachen Opfern und kleinen Akten der Entsagung beginnen. Das wird den Weg für unsere spirituelle Entwicklung auf dem Pfad des *brahmacharya* – mit Gott gehen – ebnen.

Leider sind viele Menschen heute nicht bereit, sich auch nur die kleinsten Genüsse oder Freuden zu versagen. Das Kind kann nicht auf seine Schokolade oder Eiscreme verzichten, der Teenager nicht auf seine Pizza oder laute Musik, der Volljährige kann nicht auf seine Zigarette und sein schnelles Motorrad verzichten, die Erwachsenen (die es eigentlich besser wissen müssten) nicht auf ihre Drinks, ihre Partys und ihr oberflächliches Gesellschaftsleben. Niemand ist bereit irgendetwas aufzugeben. Augenblickliche Befriedigung steht auf der Tagesordnung.

„Das Rauchen aufgeben? Unmöglich!", ruft ein junger Mann.

„Meinen Whiskey aufgeben? Unmöglich!", sagt der reiche Manager.

„Das Fleischessen aufgeben? Unmöglich!", antworten einige Gaumen-Sklaven.

Unmöglich? Nein! Schwer vielleicht, aber auf keinen Fall unmöglich! Es war für die Amerikaner schwer, einen Mann auf den Mond zu schicken. Unsere eigenen Satelliten ins All zu schießen, war schwer für Indien – aber wir haben es getan. Selbstdisziplin fordert eine Menge Anstrengung, aber sie belohnt in vielerlei Hinsicht.

Drogen-, Alkohol- und Sexsucht können alle durch Selbstdisziplin überwunden werden. Wir können sogar von einer Gesellschaft träumen, in der es kein Verbrechen, keine Prostitution, keinen Alkohol oder undiszipliniertes Benehmen gibt! In anderen Worten, wir dürfen uns tatsächlich vorstellen, dass sich der Mensch zu einem höheren Wesen entwickelt.

Schwer – aber nicht unmöglich!

Maßlosigkeit, Begierde und Genusssucht gehören zu den schwersten Sünden der Menschheit. Sie werden in der Bibel durch die Schlange symbolisiert, die Eva in Versuchung führt, ein Verbrechen zu begehen, das den Verlust des Paradieses bewirkt. In der gesamten alten Mythologie steht die Schlange immer für die Begierde. Die Schlange muss besiegt werden, und zwar nicht durch Schwert oder Speer, sondern durch spirituelle Disziplin und Selbstverzicht. Dies kann uns wahrhaftig von den tödlichen Verwicklungen der Schlange befreien.

Leider leben wir in einer Welt, in der altmodische Tugenden wie Entsagung, Selbstdisziplin und Selbstbeherrschung nicht mehr geschätzt werden. Unsere Zeit ist die des Materialismus und des Konsums. Überall verkünden Plakatwände: Kaufen Sie jetzt! – Zahlen Sie später! Vergnügen Sie sich! – Wir kümmern uns um den Rest! Leihen Sie mehr Geld! – Wir stellen keine Fragen! Erfüllen Sie sich Ihre Wünsche hier und jetzt!

Sie könnten uns genauso gut anbieten: Genießen Sie jetzt, leiden Sie später!

„Es gibt viele Schlüssel zu guter Gesundheit", sagte uns Mahatma Gandhi. „Kein Zweifel, dass sie alle existieren; aber einer, der am allernützlichsten ist, ist das *brahmacharya*."

Brahmacharya ist Freiheit von Begierde und Sinneslust. In anderen Worten, es ist die Freiheit von den Verwicklungen der Schlange. Heute opfern wir für vorübergehende Freuden das Allerwertvollste: spirituelle Energie. Wie Shakespeare so weise geschrieben hat:

„Den Geist versprühn in schändlicher Verschwendung,
Ist Lust im Tun ..."

Gandhi-ji beobachtete das traurige Schauspiel der Welt um ihn herum, und er sah, dass Männer und Frauen, Jung und Alt ausnahmslos in den Windungen der Sinnenfreude und Begierde verschlungen waren. Es schien ihm, als ob die Menschen von diesem schädlichen Einfluss verrückt geworden wären. Und wofür all das? Zahlen wir nicht einen hohen Preis für kurzfristigen Genuss?

Der ausschweifende Genuss von Sinnenfreuden ist die Wurzel verschiedener geistiger und körperlicher Leiden. Wir haben gesehen, dass es ohne reine Luft, reines Wasser, reine und gesunde Nahrung sowie ohne reine Gedanken keine Gesundheit gibt. Ja, ich würde sogar behaupten, dass wir niemals völlig gesund sein können, solange wir kein reines Leben führen.

Alle großen Religionen der Welt erwähnen die Notwendigkeit der Selbstdisziplin, insbesondere die Kontrolle über die niederen Leidenschaften. Die Hinduschriften haben dem Konzept des *brahmacharya* einen großen Stellenwert eingeräumt. Wie wir zuvor gesehen haben, definierte Sadhu Vaswani das *brahmacharya* auf eine schöne Weise: mit Gott gehen. Wörtlich bedeutet der Ausdruck auch mit Brahman, dem Absoluten, Göttlichen Selbst, zu leben und zu handeln. In seiner höchsten Form beinhaltet es das Bewusstsein des Konzepts: *Aham Brahmasmi* – „Ich bin Brahman." Demnach bezieht es sich auf das Bestreben, unser göttliches Potenzial zu erkennen.

In einem eingeschränkteren Sinne bedeutet *brahmacharya* Zölibat und Verzicht auf sexuelle Genüsse. Deshalb wurde im alten Indien jungen Schülern und Studenten, die in einem Ashram zu Füssen eines Gurus lernten, vorgeschrieben, nicht den Sinnenfreuden nachzugeben und streng sexuell enthaltsam zu leben, bis sie alt und erwachsen genug waren, in den nächste Lebensabschnitt – *grihastha ashrama*, das Eheleben – einzutreten.

Wenngleich Zölibat und Zügelung zweifellos wichtige Aspekte des *brahmacharya* sind, bedeutet es im weiteren Sinne doch die Überwindung von Leidenschaften und die Sublimierung des bloßen biologischen Instinkts, was zu einer fundierten Erkenntnis des Selbst in Bezug auf das Universum führt.

Darüber hinaus kann *brahmacharya* in seinem weiteren Verständnis von Menschen aller Altersgruppen, ob verheiratet oder unverheiratet, verinnerlicht und praktiziert werden. Wenn ein Ehepaar begreift, dass die körperliche Beziehung kein Selbstzweck ist, werden sie entdecken, dass ihre Beziehung auf einer viel tieferen und bedeutungsvolleren Ebene existieren kann.

Wenn wir diese Stufe erreichen, können wir eine innere Kreativität und Erfüllung erfahren. Wir wachsen in unserer spirituellen Entwicklung und entfalten einen intuitiven Verstand. Die Illusion von Vergnügen und täuschenden, weltlichen Glücksgefühlen liegt hinter uns, da wir in eine Phase kreativer Bewusstheit eintreten, welche der Geist ist. Ihre Gedanken werden rein sein, Ihr Verstand feinfühliger, und Ihre Seele wird im Einklang mit dem Universum stehen. Das ist dasselbe, was im Yoga als *ojas shakti* bezeichnet wird – als sublimierte sexuelle Energie. Was sind die Kennzeichen der *ojas shakti*? Ein Verstand, der mit spiritueller Kraft pulsiert, und eine Ausstrahlung, welche Sie mit einem glänzenden Leuchten umgibt!

Alle glücklich verheirateten Paare wissen, dass eine Beziehung dann Erfüllung findet, wenn die Partner lernen, ihre egoistischen Forderungen aneinander zu reduzieren und sich die Tugenden von Geduld, Verständnis, Toleranz und Selbstaufopferung aneignen. So fördern Sie Ihre eigene spirituelle Entwicklung und wachsen über jene oberflächliche Liebe hinaus, die nicht mehr als eine bloße emotionale Verwicklung ist.

Das Ideal des *bramacharya* betrachtet Sex weder als Schande noch als Sünde, es sieht ihn vielmehr als schöpferische Macht, die nicht verschwendet oder missbraucht werden darf. Denn wenn die sexuelle Energie falsch eingesetzt wird, erzeugt sie in der menschlichen Psyche negative Eigenschaften, wie Stolz, Egoismus, Eifersucht, Wut und Gier.

Gandhi-ji wurde einmal gefragt: „Wenn alle Menschen *bramacharis* würden, würde das nicht die Menschheit auslöschen?"

Seine Antwort war einfach: „Suchen Sie nicht nach Ausreden! *Bramacharis* kann man nicht einfach so finden – denn sie sind selten und wertvoll wie Diamanten. Wir offenbaren lediglich unsere Schwäche und Feigheit, wenn wir nach solchen Ausflüchten suchen. Eigentlich sollten wir uns dieses Ideal immer vor Augen halten und versuchen, bis zum Äußersten unserer Fähigkeit zu gehen, um es zu erreichen."

Schon diejenigen, die das *bramacharya* lediglich für eine kurze Zeit praktiziert haben, können sich dafür verbürgen, dass Körper, Geist und Seele an Kraft und Stärke gewinnen. Ihre Energie und ihr Enthusiasmus sind größer, und sie erreichen eine höhere Form der Freude, die das Streben des Geistes nach niederen und geringeren Vergnügen übersteigt.

Ein chinesisches Sprichwort sagt uns: „Wer ohne Verlangen ist, hat einen Einblick in das Geheimnis des Wesentlichen."

Das Yoga Sutra sagt: „Durch die Einführung des *bramacharya* gewinnt man Energie."

Dem *Atharvaveda* zufolge haben die *Devas* den Tod überwunden, indem sie die Bußübung des *bramacharya* taten.

Im weitesten Sinne bedeutet *bramacharya* Reinheit des Charakters, Reinheit der Gedanken, Worte und Taten. Es bedeutet Herrschaft über den Geist und die Sinne, insbesondere über die sexuellen Triebe. Denn wenn wir Letztere beherrschen, können wir auch alle anderen Aspekte unseres Lebens beherrschen. Ein solcher Zustand von Selbstdisziplin ist förderlich für unsere Gesundheit, unser Glück und unsere spirituelle Entwicklung. Tatsächlich ist *bramacharya* eine Tugend, die uns hilft, ein aktives und gesundes Leben zu führen, und zwar für lange Zeit.

Ich bin mir darüber im Klaren, dass manch einer es befremdlich finden mag, wenn ich in einer Zeit über das *bramacharya* rede, in der sexuelle Freizügigkeit weit verbreitet ist. Ich möchte Sie nur daran erinnern, dass es die „freie Sexualität" war, die die alten Zivilisationen von Babylon, Griechenland und Rom zerstörte.

Bramacharya geht, wie ich gesagt habe, über das Konzept des Zölibats hinaus, es beinhaltet Reinheit und Erwachen des Bewusstseins. Ein solcher Bewusstseinszustand kann sicherlich keine moralischen Verirrungen wie Legalisierung von Abtreibungen und unmoralische Beziehungen außerhalb der Ehe tolerieren.

Was wir unter diesen Umständen brauchen, ist ein Sinneswandel, eine Haltungsänderung, eine Wandlung unseres Herzens. Unterdrückung und Verdrängung würden uns schaden – während eine Änderung der Einstellung eine sinnvolle Bestrebung ist. Außerdem tun wir gut daran, uns ins Gedächtnis zu rufen, dass ein unbeschäftigter Geist die Werkstatt des Teufels ist. Ein aktives, sinnvolles Leben mit Meditation und *nama japa* in freien Stunden wird uns helfen, ein ausgewogenes Leben zu führen.

Der Geist muss beherrscht und diszipliniert werden, um das geistige Wohlbefinden zu fördern. Reinheit des Geistes ist einer der größten Segen, den ein Mann oder eine Frau erhalten können. Zum Praktizieren des *bramacharya* sind Regelmäßigkeit, Pünktlichkeit, tugendhafte Gewohnheiten, *sattvische* Nahrung und Yogaübungen allesamt hilfreich.

Dhanvantri ist ein bedeutender Arzt der hinduistischen Mythologie. Er wird in einigen südindischen Hindutempeln als göttlicher Heiler, ein Aspekt Vishnus selbst, verehrt. Er wurde als der Arzt der drei Welten betrachtet und als der Begründer des Ayurvedasystems. Einer seiner Ayurveda-Schüler kam zu ihm und bat ihn um seinen Segen. „Ich werde jetzt meine Aufgabe, Menschen zu heilen, beginnen", sagte er ehrfurchtsvoll zu dem Meister. „Gebt mir Euren Segen und eine Regel, die ich meinen Patienten verkünden kann, um sie anzuregen, ein gesundes Leben zu führen."

Dhanvantri sagte zu ihm: „Vergiss nicht, dass *veerya*, die Samenflüssigkeit, die Urenergie, die grundlegende Kraft, ein Aspekt Gottes selbst ist. Bewahre es, und du wirst ein langes gesundes Leben führen. Verschwende es – und du wirst die Last eines ungesunden Lebens tragen."

Ich muss dem nichts mehr hinzufügen. Sie wissen die Wahrheit: Reinheit ist Leben; Sinnesfreudigkeit ist Tod. Dies ist das Gesetz des Lebens; dies ist das Gesetz der Gesundheit.

NEUNTES POSITIVES GEHEIMNIS: ENTWICKELN SIE EINEN GESUNDEN HUMOR

Man erzählt sich eine Geschichte über einen Mann, der im Alter von zwei Jahren sein Augenlicht verloren hatte. Fast dreißig Jahre lebte er in völliger Dunkelheit. Es war ihm versagt, die Schönheit der Natur zu erblicken – sprudelnde Bäche, das Schwanken der Bäume, die Fülle der farbenfrohen Blumen, der Glanz der Morgensonne und die Ruhe des Sonnenuntergangs. Im Alter von 32 Jahren wurde er einer Hornhauttransplantation unterzogen, die seinen blinden Augen das Sehvermögen zurückgab. Plötzlich fand er sich in einer neuen Welt von Schönheit und Glanz wieder.

„Was sind Ihre unmittelbaren Reaktionen, nun, da Sie wieder sehen können?", wurde er gefragt.

„Als ich in der Dunkelheit wohnte, dachte ich immer, dass die Gesichter der meisten Menschen um mich herum strahlend wären, fröhlich und vergnügt. Jetzt, da ich sehen kann, bin ich schockiert zu erkennen, dass die meisten Gesichter traurig und deprimiert sind. Meine Augen werden wohl kaum einen heiteren, lächelnden Ausdruck behalten. Die Kinder scheinen mir glücklich, die Freude sprudelt nur so aus ihnen heraus. Aber sobald sie groß werden, verschwindet ihr Lächeln, der Schimmer auf ihrem Gesicht verblasst, ihre Freude verflüchtigt sich."

Heutzutage ist weltweit eine ständig wachsende

Anzahl von Ärzten der Meinung, dass sich keine Krankheit dem Menschen nähern wird, wenn er nur glücklich und unbeschwert ist, fröhlich und zufrieden, positiv und klaglos. Und wenn sie es dennoch tut, so wird sie nicht lange bleiben. „Lachen", sagt Dr. Wilde, „verschafft den Bauchmuskeln eine rhythmische Bewegung, massiert sanft die Eingeweide, verbessert die Verdauung und den Blutkreislauf."

Neurobiologen und Gesundheitsforscher der amerikanischen Universitäten Harvard und Yale und des Neuro-Psychiatrischen Instituts der UCLA in West Los Angeles sowie Forscher verschiedener anderer Institute, haben bestätigt, dass Lächeln, Lachen und heitere Gesichtsausdrücke im Gedankengut Glücksimpulse hervorrufen und Neuropeptide bilden, die das Immunsystem stärken, um Krankheiten vorzubeugen und zu bekämpfen.

Neue Parolen und Verordnungen moderner Ärzte werden in Krankenhäusern und Kliniken ausgehängt. „Lach dich gesund!", „Lachen kann für Ihre Krankheit gefährlich sein!", „Fröhlichkeit ist die neue Wundermedizin" sind einige davon.

Ärzte sind der Ansicht, dass unsere Blutmoleküle über Rezeptoren verfügen, die Signale des Gehirns empfangen. Wenn eine Person glücklich und zufrieden ist, dann übermitteln die Rezeptoren diese Glückssignale, und der Heilungsprozess wird beschleunigt. Dies ist eine Entdeckung der modernen Wissenschaft: Je mehr Sie lachen, umso gesünder werden Sie. Es wird behauptet, dass lustige Ärzte besser als Pillen sind.

Man sagt, Heiterkeit ist der beste Schmierstoff für das Rad des Lebens. Sie mindert Schmerz, bekämpft Krankheit, entschärft Missgeschicke, erleichtert Lasten und vereinfacht das Leben.

Mr. Donald, ein Krebspatient, lag für viele lange Tage im Krankenhaus. Die Ärzte verzweifelten angesichts seines Zustands und gaben ihn als unheilbar auf. Donald wurde an das Neuro-Psychiatrische Institut der UCLA in West Los Angeles gebracht. Er wurde in einer fröhlichen, heiteren Atmosphäre versorgt. Ihm wurden Geschichten, Witze, humorvolle und lustige Begebenheiten erzählt. Er wurde beschwingt und herzlich behütet. Derselbe Mann, dem die Ärzte kaum mehr als zwei bis drei Wochen zu leben gaben, fühlte sich nach sechs Wochen sehr viel besser, und nach einem Jahr war er fast geheilt. Man sagt, dass es keinen Bedarf für so viele Krankenhäuser gäbe, wenn die Menschen nur glücklich, unbeschwert und vergnügt wären!

ZEHNTES POSITIVES GEHEIMNIS:
HELFEN SIE ANDEREN!

Das letzte positive Geheimnis über Gesundheit und Glück ist dieses: Helfen Sie anderen! Wenn Sie gerne ein gesundes, glückliches, harmonisches Leben führen möchten, dann dürfen Sie sich nicht nur um Ihren eigenen Vorteil und um Ihre eigene Annehmlichkeit kümmern, Sie sollten auch diejenigen nicht vergessen, deren Not größer ist als Ihre. Ja, ich würde sogar so weit gehen, Ihnen zu raten, Ihre eigene Bequemlichkeit zu vergessen, um Freude in das Leben der Freudlosen zu bringen und diejenigen zu trösten, die verzweifelt Hilfe und Trost bedürfen.

Die hebräischen Schriften, die wir als Talmud kennen, lehren uns: „Es gibt zehn starke Dinge. Eisen ist stark, aber es schmilzt im Feuer. Feuer ist stark, aber Wasser löscht es. Wasser ist stark, aber die Wolken saugen es auf und tragen es. Wolken sind stark, aber der Wind trägt sie davon. Der Mensch ist stark, aber die Angst zerbricht ihn. Angst ist stark, aber der Schlaf überwindet sie. Der Schlaf ist stark, dennoch ist der Tod stärker. Nächstenliebe aber überwindet den Tod."

Wo auch immer wir heutzutage hingehen, werden wir von Geschichten über Egoismus und Gleichgültigkeit erschreckt. In einem armen, überfüllten Stadtviertel wurde ein alter Mann tot in seinem Zimmer aufgefunden. Man hatte seinen leblosen Körper im August entdeckt, aber der Arzt, der ihn untersuchte, stellte fest, dass er bereits Mitte Februar gestorben sein musste. Damals hatte eine bittere Kältewelle geherrscht, während der er wahrscheinlich erfroren war. In der Zwischenzeit hatten Kinder vor seiner Tür gespielt. Immer wieder sind Menschen vorbeigelaufen. Niemand hat ihn vermisst. Möglicherweise wäre er nie gefunden worden, hätte nicht ein Einbrecher versucht, seinen Gaszähler zu stehlen.

Der Körper einer siebzigjährigen Frau wurde im Keller ihres Hauses in Portsmouth gefunden. Er war bis zur Unkenntlichkeit verwest, denn sie muss bereits vier Jahre tot gewesen sein. Vier Jahre lang hat es keinen interessiert, ob sie noch am Leben war!

Wir leben in einer harten und grausamen Welt! Das Problem liegt darin, dass viele von uns so mit der Befriedigung ihrer eigenen Vergnügungen und Annehmlichkeiten beschäftigt sind, dass wir alle der schlimmsten Krankheit unserer Zeit zum Opfer fallen – der Selbstsucht.

Henry Drummond sagte: „Das Glück findet man nicht im Haben oder Bekommen, sondern nur im Geben. Die halbe Welt folgt in der Suche nach dem Glück der falschen Fährte. Sie glaubt, es besteht im Haben und Erlangen und von anderen bedient zu werden. In Wahrheit beruht es darin, anderen zu geben und zu dienen."

Menschen, die von ihrem Leben frustriert sind, die depressiv sind, sich nutzlos und ungewollt fühlen, müssen nur diese Medizin ausprobieren – und sie werden sich auf wundersame Weise verwandelt fühlen.

„Kein Mensch ist eine Insel", schrieb der Poet John Donne. Wenn wir körperlich, seelisch, moralisch und spirituell ein glückliches, gesundes, harmonisches Leben führen wollen, dann müssen wir uns um das Wohlergehen anderer, insbesondere unserer weniger glücklichen Brüder und Schwestern kümmern.

Sadhu Vaswani sagte uns oft: „Did you see him on the road? Did you leave him with the load? - Hast du den Obdachlosen gesehen? Hast du ihn mit seiner Last allein gelassen?"

Auf der vollen Straße des Lebens treffen wir viele Menschen, die schwere Lasten auf ihren schwachen Schultern tragen. Diese Lasten sind nicht rein körperlich. So wie wir lernen, anderen mit ihren Lasten zu helfen, werden Gesundheit, Glück und Freude in unser Leben fließen.

Ralph Waldo Emerson, der Weise aus Concord, lehrt uns: „Es ist einer der schönsten Ausgleiche dieses Lebens, dass niemand dem anderen wirklich helfen kann, ohne sich selbst zu helfen."

Geben Sie, dienen Sie, helfen Sie anderen – aber ohne eine Gegenleistung zu erwarten! Sobald Sie eine Erwartung hegen, berauben Sie sich selbst der wahren Freude und der heilenden Kraft des Gebens. Sie werden nur Stress und Anspannung finden – und wahrscheinlich noch Enttäuschung.

Die *Taittriya Upanishad* gibt uns eine hervorragende Anleitung, wie wir etwas von uns selbst geben dürfen: „Gebt mit Vertrauen, gebt reichlich, gebt mit Demut und Bescheidenheit; gebt mit Respekt; gebt mit Liebe und Sympathie."

Wir müssen unseren Dienst und unsere Geschenke an andere im festen Glauben darbringen, dass jeder Akt der Nächstenliebe eine Anbetung Gottes ist. Er nimmt die Form der Armen, der Demütigen, der Schwachen und der Unterdrückten an. Indem wir ihm dienen, beschenken wir uns selbst mit der göttlichen Energie. Dies ist *sattvische* Nächstenliebe.

Wir müssen lernen, in Fülle zu geben. Wenn wir geizig und berechnend sind, ist unsere Nächstenliebe *rajasisch*. Dagegen werden wir uns glücklich und gesegnet fühlen, wenn wir warm, offen und großzügig sind.

Man sagt: „Die linke Hand soll nicht wissen, was die rechte gibt." Also lassen Sie uns lernen, in Bescheidenheit und Respekt zu geben. Wenn wir den Akt des Gebens oder der Hilfe ausüben, sollte ihm kein Ego, keine Arroganz anhaften. Geben Sie mit Liebe und Sympathie, damit diese positiven Gefühle Ihre Gedanken erhöhen und Ihren Geist und Ihr Herz veredeln.

Menschen, die wohlwollende, liebevolle, großzügige Gedanken ausstrahlen – Gedanken der Liebe und des Wohlwollens und des Mitgefühls – üben die höchste Form der Nächstenliebe aus. Denn was ist nobler, als eine niedergeschlagene Seele zu erfreuen oder einem verunsicherten Herzen Mut einzuflößen? Daher sollte unsere Hilfe nicht allein auf materielle Mittel beschränkt sein.

Krishna spricht von drei wichtigen Pflichten, die jede gute Menschenseele ausüben sollte: *yagna* oder Opfer; *dana* oder Nächstenliebe; *tapas* oder Disziplin. Alle drei stehen in gegenseitiger Beziehung zueinander. Denn das höchste Ziel des menschlichen Lebens ist es, Körper, Geist und Seele so zu entwickeln, dass man immer nützlicher im Dienst an seinen Mitmenschen wird und so Gott näher kommt. Derjenige, der frei gibt, kommt der Erkenntnis Gottes näher, indem er Gier, Selbstsucht und kleinliche Begierden überwindet. Nächstenliebe, Dienst, selbstlose Hilfe – nennen Sie es, wie Sie wollen: Es ist eine heilige Tugend, die von jeder Religion hochgehalten wird. Es verändert Sie, erhebt Sie und erweckt das Göttliche in Ihnen.

Dr. Lester Sauvage ist ein Spezialist für Operationen am offenen Herzen. Während er Patienten unterschiedlichen religiösen Hintergrunds behandelte, wurde ihm klar, dass es nicht ausreicht, das Leben der Patienten lediglich zu verlängern oder auszudehnen. Es war nicht genug, ihnen medizinische Versorgung und körperliche Annehmlichkeiten zu gewährleisten – ihre Heilung war nicht vollständig, bevor nicht auch ihre spirituellen Bedürfnisse erfüllt waren. Letzten Endes waren diese Menschen nicht nur Nummern von Krankheitsfällen oder Patientenakten, sondern menschliche Wesen mit spirituellen Dimensionen.

Dr. Sauvage fand es hilfreich, ihnen drei Fragen zu stellen, nachdem er seinen Eingriff an ihrem offenen Herzen erfolgreich beendet hatte und sie bereit waren, ihr Leben wiederaufzunehmen:

1. Was planen Sie mit den zusätzlichen Jahren zu tun, die Sie durch die Herz-OP gewonnen haben?

2. Wie werden Sie diese Extrajahre glücklicher und sinnvoller machen?

3. Was ist Glück für Sie?

Er fand, dass die Reflektion dieser Fragen seinen Patienten half, ihre Aufmerksamkeit auf ihre spirituellen Bedürfnisse zu richten und den wahren Zweck des Lebens zu entdecken. Es ermöglichte ihnen außerdem, eine schnelle Heilung und eine bessere Gesundheit im ganzheitlichen Sinne zu entwickeln. Zusammen mit seinen Patienten fertigte er einen Drei-Stufen-Plan an, um ihr Leben sinnvoller zu gestalten.

1. In der Gegenwart leben.
2. Ständig mit Gott in Verbindung stehen.
3. Gott dienen durch den Dienst an der Gesellschaft.

Mahatma Gandhi hat eine tiefgründige spirituelle Realität in einfache Worte gefasst, als er sagte: „Wenn ihr Gott nicht in dem allernächsten Menschen erkennen könnt, den ihr seht, dann ist es Zeitverschwendung, noch weiter zu suchen."

Wenn wir also anderen helfen und ihnen dienen, bringt uns das näher zu Gott, der die Quelle von Wohlbefinden, Gesundheit und Glück ist. Fett, Natrium Salz und Cholesterin spielen zweifelsfrei eine Rolle – aber sie beziehen sich ausschließlich auf den körperlichen Aspekt unserer Gesundheit; darüber hinaus ist es die spirituelle Dimension, die unser Leben wahrhaftig bereichert, indem wir anderen helfen, anderen dienen – für andere nützlich werden, in jeder möglichen Weise. Wenn wir unser Leben mit Gott verbinden, indem wir anderen dienen, dann richten wir unser Leben auf ein Ziel aus; wir erlangen ein größeres Gespür für unseren eigenen Wert – und beginnen somit, ein Leben in Gesundheit, Glück und Harmonie zu führen.

Psychologische Faktoren können nicht nur zu Krankheit beitragen, genauso gut können sie zu Heilung und Gesundheit beitragen. So war John D. Rockefeller, einer der reichsten Männer seiner Zeit, im Alter von 53 nur ein Schatten seiner selbst. Das unermüdliche Ansammeln von Reichtum hatte seinen Tribut gefordert. Er verdiente über eine Million Dollar in der Woche, aber er hatte alle seine Haare verloren und konnte nichts als Kekse und Milch zu sich nehmen.

Dann kam der Wendepunkt in Rockefellers Leben. Den Gedanken des puren Geldverdienens verwandelte er in den, welchen gesellschaftlichen Nutzen man mit diesem Geld schaffen könnte. Er begann einen großen Anteil seines Vermögens zum Nutzen anderer einzusetzen. Seine Ärzte stellten eine drastische Verbesserung seines Gesundheitszustandes fest. Er fing an, normal zu essen und zu schlafen und sein Leben zu genießen. Sein Biograf fügte hinzu: „In die Seele von John D. flossen erfrischende Ströme von Liebe und Dankbarkeit derer, denen er half." Seine Gesundheit verbesserte sich dermaßen rapide, dass er ein hohes Alter von 98 Jahre erreichte!

DER SCHOSS VON MUTTER NATUR

Ist Ihnen aufgefallen, dass einige der schönsten Wandlungsgeschichten der Welt vor dem Hintergrund atemberaubender Naturszenen stattfinden? In Shangri-La findet ein Held auf schneebedeckten Gipfeln das Geheimnis ewiger Glückseligkeit. Auf einem Berggipfel entdeckt wieder ein anderer die allumfassende Wahrheit. In Mitten der Schönheit und Klarheit der Schweizer Bergwelt findet Heidi ihr Glück …

Die Natur ist ein Wunder; sie ist mystisch und kraftvoll; sie ist heilsam, inspirierend und erhebend. In der Philosophie des Pantheismus wird die Natur als göttlich verehrt. Die Philosophie des Transzendentalismus ist sich sicher, dass der Geist Gottes die gesamte Natur durchdringt. Unsere eigene *Isopanishad* sagt uns: *Ishavasyam idam sarvam* – alles was ist, ist ein Kleid des Herrn. Die Natur ist ein magischer Heiler. Wenn wir Zeit im Schoß der Natur verbringen, im Wald spazieren gehen, der Musik der Vögel zuhören, unseren Garten pflegen oder einfach nur in die Abendsonne sehen, fühlen wir uns erfrischt und angeregt. Wenn wir die frische Luft unter freiem Himmel und in unverschmutzter Umgebung einatmen, erholt sich unser erschöpfter Geist.

Psychologen erklären: Wenn wir mit der Natur alleine sind, verlassen wir unsere soziale „Rolle" und die weltlichen Verantwortungen und können uns daher mit den positiven Kräften des Universums verbinden. So kommt es, dass viele Menschen unbewusst die Küste oder ein Bergresort oder einen Ort mit intakter Natur als Lieblingsurlaubsziel wählen. Natur vermag zu heilen, zu inspirieren und zu verwandeln. Sie kann an unserer müden Seele und unserem erschöpften körperlichen Zustand Wunder bewirken und in uns Harmonie und Wohlbefinden wiederherstellen.

Neuerdings haben Mediziner herausgefunden, dass die Ernährung, die Umwelt und die psychische Verfassung des Menschen das Immunsystem beeinflussen und sich folglich ungünstig auf unsere Gesundheit auswirken können, denn ein geschwächtes Immunsystem führt zu vielen Krankheiten. So haben verschiedene alternative Heilmethoden Menschen geholfen, indem sie sie dazu brachten ihre Ernährungsweise, ihre Umwelt oder ihren Lebensstil zu verändern.

Bedenken Sie Folgendes: Die meisten von uns konsumieren übermäßig hohe Mengen an Kohlenhydraten und Zucker. Wir neigen zu der Gewohnheit Junkfood zu essen. Die abgepackten Lebensmittel, die wir verzehren, enthalten sehr viele schädliche Chemikalien und Zusatzstoffe; wir reinigen unsere Wohnungen mit gefährlichen Sprays und Schädlingsbekämpfungsmitteln, die unser Immunsystem zerstören.

Wenn wir uns ganzheitlichen Heilmethoden zuwenden, dann hat das einen vorteilhaften Effekt auf unsere Gesundheit. Die meisten alternativen Systeme legen auch großen Wert auf die Ausübung von Stille, Meditation und Yoga. Diese können dazu beitragen,

uns zu reinigen und von emotionalen Unausgegli-
chenheiten zu befreien.

DAS GEHEIMNIS EINES LANGEN
UND GESUNDEN LEBENS

Ich kannte einen Mann, der weit über hundert Jahre alt war. Ich weiß nicht, wie Sie sich einen Hundertjährigen vorstellen, aber mein Freund war geistig hellwach, aktiv und voller Leben.

Ich frage ihn: „Kannst du mir das Geheimnis deiner Vitalität verraten?"

„Meine Philosophie ist einfach", antwortete er. „Ich denke an gute Gesundheit, esse maßvoll, verschaffe mir regelmäßig Bewegung, gehe so viel ich kann, versuche positiv zu denken, bete zu Gott, dass er mir immer wieder auf die Beine hilft, und vermeide alles, was mir ein schlechtes Gewissen bereitet. Denn Schuldgefühle sähen die Samen der Krankheit in der Seele – Samen, die den Geist und die Seele beeinflussen."

Was für eine großartige Empfehlung für uns alle! Dem möchte ich hinzufügen: Sitzen Sie für mindestens fünfzehn Minuten in der Stille, lachen sie, so viel sie können, und helfen an jedem Tag wenigstens einem Menschen. Das ist das Geheimnis der Gesundheit! Das ist das Geheimnis des Glücks!

In allen Zeiten wussten weise Menschen um die Beziehung zwischen rechtem Denken, positiver Einstellung, guten Gewohnheiten und guter Gesundheit. Hippokrates, der als Vater der modernen Medizin gilt, lebte vier Jahrhunderte vor Christus. Schon er lehrte seinen Schülern, den emotionalen Zustand und auch allgemein die Herkunft ihrer Patienten zu berücksichtigen, denn ihm war bewusst, dass der Geist die Gesundheit beeinträchtigen kann. Er lehrte, dass ein Mensch, um wirklich gesund und ganz zu sein, mit sich selbst in Frieden und mit der Umwelt in Harmonie sein muss.